解读垂钓门道

王宏刚　著

远方出版社

图书在版编目（CIP）数据

解读垂钓门道 / 王宏刚著 . -- 呼和浩特 : 远方出版社 , 2017.6

ISBN 978-7-5555-0923-3

Ⅰ . ①解… Ⅱ . ①王… Ⅲ . ①钓鱼 (文娱活动) Ⅳ . ① G897

中国版本图书馆 CIP 数据核字 (2017) 第 162910 号

解读垂钓门道

JIEDU CHUIDIAO MENDAO

作　　者	王宏刚
责任编辑	孟繁龙
责任校对	邱　仓
封面设计	孙宝柱
版式设计	王改英
出版发行	远方出版社
社　　址	呼和浩特市乌兰察布东路666号　邮编 010010
电　　话	（0471）2236471 总编室　2236460 发行部
经　　销	新华书店
印　　刷	内蒙古恩科赛美好印刷有限公司
开　　本	145mm × 210mm　1/32
字　　数	215千
印　　张	8.25
版　　次	2017年6月第1版
印　　次	2017年8月第1次印刷
印　　数	1—1 000册
标准书号	ISBN 978-7-5555-0923-3
定　　价	28.00元

垂钓文化的传承

（代序）

王瑞峰

垂钓是高尚的娱乐活动，是修身养性的健身活动，也是文化活动。垂钓的传播不仅是垂钓技法、垂钓理论知识的传播，更是我们民族文化的传播。如今，我们要大力传承和弘扬民族文化，要大力丰富人们的文化生活，不仅需要有国家的好政策，也需要有众多的传承者。

我们的生活节奏在加快，需要劳逸结合地工作，身体健康、精神愉悦是做好本职工作的基础。在工作之余，户外垂钓融入大自然是解除劳累的好方法，同时也是对民族文化的继承和发展。

王宏刚和我是多年的同事，他曾经是一名竞技体育运动员，毕业于北京体育学院，之后在内蒙古自治区体育单位工作多年，有着扎实的体育知识功底。他在少儿时期就已经开始学习垂钓，因此对垂钓的体验全面而深刻。这本书以传统的垂钓技能为基础，以科学的态度介绍和解析了垂钓技巧的科学性和运用思路，突出了理论与实践相结合的基本知识，是我读到的专业性最强的关于垂钓的书。读后我感到此书能够令读者叩开垂钓之门，领悟垂钓的精髓，感受到垂钓的博大精深及社会价值。

2017 年 7 月

目　录

第一讲　垂钓入门及垂钓技能的提高　/1

垂钓入门　/1

垂钓技能的提高　/6

第二讲　垂钓的主要特征　/13

钓组中具有浮漂　/13

钓组有六主件　/14

线组组件有常规组序　/15

漂组上下垂直钓鱼　/17

立体式钓鱼　/17

具有三种基本钓法　/18

首先要实现浮力与重力的平衡　/20

限定铅坠轻落底　/22

第三讲　钓鱼钓法的区分　/24

按钓法的动静分类　/24

以钓法的状态区分　/30

第四讲　手竿钓组各钓件的主要作用　/36

钓竿的主要作用　/36

钓线的主要作用　/47

脑线的主要作用　/52

钓钩的主要作用　/55

钓饵的主要作用　/61

漂坠的主要作用　/65

浮漂在垂钓中的主要作用　/68

第五讲　垂钓用漂基本知识　/72

浮　漂　/72

漂　目　/77

垂钓用漂的灵钝区分　/81

垂钓用漂的力学性能因素　/83

灵漂和钝漂的主要特点　/84

垂钓用漂的主要特点　/90

垂钓用漂的安装使用　/94

第六讲　垂钓用漂的选择　/99

模仿式选择　/99
按照浮漂适宜性选择　/100
按照浮漂专用性选择　/102
按照浮漂性能设计意图选择　/104
按照鱼情选择　/108
分步骤选择　/109
第七讲　垂钓调漂基本知识　/113
调漂原理　/113
调漂基本方法　/126
调漂基本步骤　/129
调漂中的调目和钓目　/134
调漂的主要作用　/152
常规的基本调钓定式　/154
实现底钓下状态灵钝的基本方法　/166
第八讲　调漂设计及调漂操作　/184
调漂设计　/184
实钓调漂操作的基本流程　/194
第九讲　漂信及其掌控　/196

漂　信　/196

漂信掌控　/202

第十讲　垂钓选位及做窝　/215

垂钓选位　/215

垂钓做窝　/230

第十一讲　关于垂钓的一些为什么　/237

钓饵为什么通常要用商品饵　/237

鱼为什么不咬钩　/238

提竿时为什么会脱钩跑鱼　/238

中鱼时脑线为什么会出问题　/239

夏季的早晨鱼为什么相对爱咬钩　/239

垂钓大鱼时为什么不要“打满竿”　/240

控大鱼为什么要充分运用钓竿的满弓状态　/240

起大鱼前为什么先要遛鱼　/241

池钓赛鱼情为什么设定得密度大　/241

精养塘的鱼为什么相对易被钓到　/242

按天收费的“黑坑”为什么不好钓　/243

养殖鱼为什么不爱吃蚯蚓 /243
在标准池垂钓为什么要使用短竿 /243
池钓快鱼为什么要使用硬竿 /243
池钓赛为什么开赛之初要“打频率” /244
钓浮有时为什么要运用高铅位 /244
钓饵为什么要加添加剂 /245
野钓为什么通常是慢钓 /245
垂钓为什么要区分开养殖鱼和野生鱼 /246
钓底的调漂为什么分调目和钓目 /246
调漂为什么要灵钝的选择 /247
浮漂为什么要灵钝的选用 /247
钓铒为什么要灵钝的选择 /247
运用常规调钓定式调漂为什么效果不好 /248
调漂为什么通常是调 4 钓 2 /248
开钓之初为什么通常要钓灵 /249
钓底为什么要先找底 /249
钓底时钓点处有鱼星鱼为什么不咬钩 /250
小鲫鱼为什么相对好钓 /250

只玩野钓者为什么池钓赛能力相对低 /251
一些垂钓谚语为什么不灵 /251
垂钓为什么分休闲钓与竞技钓 /252
钓鱼为什么先要判断鱼情 /252
垂钓为什么有诱人的魅力 /253

第一讲　垂钓入门及垂钓技能的提高

垂钓入门

学习垂钓的门槛相对低，每个成年人拿起钓竿就可以垂钓，通常均可模仿着钓鱼人的基本做法像模像样的钓鱼，并可在高密度的精养塘内钓到许多鱼。过去因自然水域中鱼的密度较大，自学者也可轻易钓到鱼，但当鱼的密度低、吃口滑、吃口轻弱时，通常会钓不到鱼，看到高手总是上鱼，初学者才会感到垂钓技能的重要性和神奇性。学习垂钓看似简单，但要真正能够全面掌握垂钓技能成为高手并不简单。

1. 垂钓入门的主要途径

（1）跟学入门

许多钓鱼人，是跟着身边会钓者学会钓鱼的，通常是由身边钓鱼人的带动而产生兴趣入门的。

①会是跟着入了门，大多属于初步入门；

②会是因为参与休闲而钓鱼，一知半解算是入门；

③会是因为参与竞技而钓鱼，通常是入门了池钓赛常规鱼情的基本技能。

特点：

一是，传授者是高手，入门会相对快；传授者是低手，入门会相对慢。

二是，传授者垂钓知识全面、经验丰富，且传授有方，入门时的基本技能会相对门清；反之，会是只知其然，不知所以然。

（2）参加学习班入门

这通常是有条件者且是一心学钓者的学习，通常是已有所入门者的学习，通常是需要全面系统的入门和希望尽快提高钓技和提高理论知识的学习，这大多是参加池钓赛者的入门学习、培训。

（3）自学入门

自学者通常认为垂钓是简单的事，“一看就会”，通常会是模仿着钓鱼人的一些外在做法自学，这也与求学条件受限等有关。经过与内行钓鱼人的交流、请教和从媒体中的相关知识介绍学习，也会较好的找到入门的门路。但如果只是闭门闷头自学，通常始终会停留在半入门状态。

钓鱼有学问，垂钓的系统知识和全面技能，通常不会无师自通，需要学习、请教、交流、切磋和大量的实践总结。

2. 初步入门通常需要掌握的基本技能和相关常识

（1）在基本技能方面

通常需要学习到：

①钓具的正确安装使用；

②钓具的基本操作方法及运用；

③垂钓的基本钓法及运用；

④调漂的基本方法及运用；

⑤常规调钓定式及运用；

⑥用饵基本方式方法及运用；

⑦做窝基本方式方法及运用；

⑧观漂、提竿、控鱼、起鱼基本方式方法及运用；

⑨选择钓位、钓点的基本要求；

⑩常规钓具配置的基本要求。

（2）在相关技能知识方面

通常需要了解：

①垂钓过程的基本程序；

②钓组各个部件的基本作用；

③调漂基本原理；

④常规漂相；

⑤真假口、虚实口、重口、轻口、微弱口的区别判断；

⑥提竿时机的把握；

⑦常规目标鱼种的习性、食性；

⑧水情、鱼情的不同及判断；

⑨季节、气候、天气、地域与鱼情及鱼情变化的关系；

⑩钓竿与不同水情、鱼情的匹配性；

⑪钓线与不同水情、鱼情的匹配性；

⑫钓饵与不同水情、鱼情的匹配性；

⑬钓钩与不同水情、鱼情的匹配性；

⑭浮漂与不同水情、鱼情的匹配性；

⑮钓法与不同水情、鱼情的匹配性；

⑯调目、钓目与不同水情、鱼情及钓法的匹配性；

⑰窝饵与不同水情、鱼情的匹配性；

⑱做窝方式、方法与不同水情、鱼情的匹配性；

⑲钓位、钓点与不同水情、鱼情的匹配性；

⑳提竿、控鱼、起鱼与不同水情、鱼情及相关需要的匹配性。

（3）在所需相关配置方面

通常需要知道：

①配置辅助性工具。漂盒、线盒、钩盒、饵盒、竿包、竿架、抄网、渔护、渔护包、摘钩器、剪刀、小钓件、座椅（钓箱）等。

②配有备用的钓具。不同尺度的钓竿、钓线和大小不同的钓钩、浮漂、铅坠等。

③备有特殊用途的工具。通常是平整钓位、清除水草、防晒、夜间照明的工具等。

（4）在相关安全知识方面

通常需要了解：

①钓钩伤己伤人的危险性。在操作和摘钩时，要防止本人和身边他人中钩。

②碳素钓竿高导电的危险性。钓位和钓竿，要远离高压线、变压器，钓竿不要在雷电中使用等。

③水中细菌的危险性。防止病菌、虫卵进入口中，不要口含入过水（钓场水）的浮漂、钓线等，使用虫饵也需注意病菌。

④路途交通及垂钓时的安全性。通常需要结伴出钓，不要冒险

走险路、不要疲劳驾驶和疲劳垂钓，尽量不要夜间或雨中赶路；钓位要远离可能塌陷处、雷电区；不会游泳者要防止滑入水中；不要与大鱼硬拼，钓竿被鱼拉入水中时，宁可不要；夜钓时要注意多方面的安全；雨天要注意洪水的发生等。

⑤虫、蛇的叮咬安全。要备有对蚊虫叮咬的防护装备，防止草路中踩到蛇。

⑥饮食卫生安全。一是要注意食品质量；二是要注意按时就餐，避免暴食暴饮；三是要注意备有食品、衣物和相关应急药品。

（5）在入门参加池钓赛的基本知识方面

通常需要了解：

①养殖鱼的习性、食性特点及常规应对方式方法。

②比赛设定的常规鱼情和特别鱼情。

③比赛中后期鱼情变化的基本规律。包括每场比赛鱼情变化的基本规律。

④ 比赛中应对常规鱼情的常规钓法、调钓量、用漂、用钩、用饵、做窝方法、操作节奏变化的运用以及基本功训练等具体的基本知识，应对鱼情及鱼情变化的常规方略。

⑤了解参赛常识、参赛程序。掌握比赛规则（基本限定）、竞赛规程（特别限定）等。

⑥了解比赛级别的区分。国家级、地方级，协会、社会举办的比赛或商业性、娱乐性比赛等，国内各体育单项的锦标赛、冠军赛、联赛等通常为高水平的比赛。

⑦掌握钓场、钓区、钓位的优劣区别。熟悉钓场及其鱼情且钓区、钓位占优，通常易取得好成绩。

⑧了解参赛选手的钓技级别或实际水平的区分。要求参赛选手具有职级或达到成绩资格要求的比赛，参赛选手的技能水平通常相对高，竞争性相对强。全国池钓“大师赛”、“锦标赛”、冠有杯名的“称号赛”等，参加决赛选手的池钓水平通常是一流，冠军的价值也高。

（6）在理论知识常识方面

通常需要知道：

①技与术的关系。技，通常是具体的技巧、技法及操作的内容；术，是方向、方略、策略及运用的内容。比赛中，通常是技战术的运用。入门，通常重点是先学习具体的技法。

②技术与技能的关系。技能，通常是技与术的方法方略的运用能力，技术是前提基础，能力需要积累。

竞技，通常是比技能。池钓竞技，是比参加池钓比赛的全面技能，不只是单纯的比具体的技术，只学会基本钓法及其常规调漂定式的技术是远远不够的。

③经验与理论的关系。垂钓，需要经验积累，也需要理论指导，二者兼备会思路清晰、摆布有法、钓的明白，会有利于快速提高，少走弯路。

垂钓技能的提高

垂钓技能的提高，一是要提高技术的全面性和全面技术的运用能力；二是要提高技术运用的方略能力；三是要提高综合能力。这通常需要理论与实践相结合，需要大量的实践积累，努力达到经验丰富、功底厚实，能够从容应对各种水情、鱼情。

1. 在提高垂钓技术的全面性和技术的运用能力方面

（1）新手需要努力提高技术的全面性

提高钓技，需要不断提高各项具体技术的全面掌握，努力做到不缺项，只学会一招半式是成不了高手的。

专攻池钓者，在野钓的选区、选位和用钩、用饵方面通常会是缺项；在池钓中只善钓大鱼者，通常在垂钓小鲫鱼方面会是欠火；钓者如果习惯了快钓高密度的生口鱼，在慢钓密度低的猾口鱼方面，会是欠火，反之相反。

垂钓比赛时，不只是比几项最基本技术的掌握，通常是比技术的全面掌握，如果在技术内容方面存在缺项，通常难以取得好成绩。

缺项、欠火，通常是新手的基本差距，缺什么，就要及早的补什么，不能总是停留在掌握了基本钓法、掌握了基本操作技术和掌握了垂钓常规鱼情的层面上。

（2）新手需要努力提高全面技术的运用能力

提高钓技，需要不断提高各项技术的娴熟运用能力，使得运用能力扎实、厚实，难以出错、基本不失误，这通常需要量的积累。

垂钓比赛时，不仅是比全面技术的掌握，也是比基本技术运用能力的高低，通过参加比赛可比较出各项技术运用能力的差距。

低手，通常是在具体技术的运用能力上就有着较大的差距，这需要不断提高技术运用能力的基本功，达到适应比赛时的需要。

如果是要提高参加池钓赛各项技术的运用能力，通常需要通过有针对性、系统化的专门训练，这是快速提高的重要途径。训练内容及其具体的训练项目，既要有针对性，也要有训练量，一项一项的达到比赛时的需要。

①通过训练，提高操作能力

通常要在钓组的安装、钓饵的完成、调漂、找底、钩饵准确到达钓点、流畅自如的操作、换钩、起鱼和钓法的快速实现等具体操作技能方面，需要逐项的有针对性的训练提高。

②通过训练，提高正确判断和正确应对能力

全面的基本技术及其运用，最终要落在正确对应鱼情、水情的运用上来。

具体的技法要在同水情、鱼情、目标鱼所在水层、目标鱼吃口、漂信掌控、鱼情变化、起鱼要求等方面，进行匹配能力的训练，这也需要逐项的有针对性的训练提高。

只掌握了全面技术，不会正确的全面运用，通常也是新手的一大难点。需要针对钓大鱼、钓小鱼、鱼的密度大或密度小、鱼是生口或滑口、钓浮或钓底、池钓或野钓、正常天或风雨天等情况的不同，进行技法的专门匹配性训练。

这不仅是提高全面技法的运用能力，同时也提高着对水情、鱼情的正确判断能力。对鱼情及鱼情变化等情况判断对了，才能对症的匹配相应的正确技法。

③通过参加比赛，提高全面技术的运用能力

通过参加比赛，可发现多方面的不足，可比较出具体技法方面的缺项或欠火，也可比较出对鱼情的正确判断及技法正确运用能力的差距，还可不断积累比赛经验，提高新认识和提高参赛能力，这通常是“以赛代练”的提高。

比赛，通常也是比钓手的参赛能力。这不仅是比基本技术的正确运用能力，也是比心态、比赛前训练、比赛前准备、比赛中的正常发挥等，这需要参赛经验的积累。

参赛经验不足的钓手，通常难以取得好成绩，但有些人也会赶上好运气。钓鱼比赛成绩的取得，通常是由：对鱼情水情的正确判断 + 比赛经验 + 过硬的技能、正确的技战术 + 钓位优势、钓饵正确 + 体能 + 运气所组成。

比赛时，钓位好、鱼情正中下怀等，属于运气好，但运气通常是可遇不可求的，具有偶然性。技法及其比赛时正确的运用能力是关键，是实力的体现，并可以通过训练和参赛得以提高。

④训练，需要有针对性有计划的合理安排

垂钓训练，需要制定专门的训练计划。要按比赛时对技术项目的高标准要求，有时限进度地训练提高，既要达到掌握多方面的具体技法，又要达到能够针对鱼情的娴熟运用。

要通过实践不断提高针对不同水情、鱼情的正确运用能力。如果仅仅是靠每次垂钓时无意识的自然提高，通常是缓慢的、欠火的，会不适宜比赛时的需要。

有训练方案的系统训练，通常需要教练的安排指导，但也可针对欠火的技术项目有针对性的自行进行专门的训练，从而达到比赛时的需要。

无相关限定要求的休闲钓，通常不需要刻意的抢时间，也不需要刻意的追求技法运用能力的完美性，大多是“以钓代练”的自然提高。垂钓次数多，对不同水情、鱼情见识广，有体会，理解得深，技法的掌握和运用能力强，会相对提高得快。

2. 在提高方略的掌握及方略的运用能力方面

（1）需要学会技战术的运用

应对不同水情、鱼情不仅要有全面的正确应对技术，还要有技战术的运用策略。

垂钓的总体谋略是：诱惑、诱骗，使鱼上钩。

即“钓鱼计”，也俗称“三十七计”，利用的是鱼的无知和放松警惕的“贪”字。

具体有：先诱后钓、边诱边钓，快诱快钓、近诱远钓、重诱慢钓、浓诱淡钓、淡诱淡钓、快到位的诱钓、慢到位的诱钓等方略，并有以大对大、以小对弱、以钝对灵、以灵对钝、以静对动、以动对静、以钓法对鱼所在水层等具体的应对思路。

因而，要想提高垂钓技能，还需要掌握各项技术的运用方略，无针对性应对方略的技术运用，通常是技术的盲目运用。

此外，参加比赛时的团体赛，还有团体作战的配合技战术、迷惑对手的技战术等。高水平的比赛，在钓手技能水平相当时，通常比的是方略的掌握及方略的正确运用，既是同鱼斗法，又是同钓友比能力、比智慧。

（2）需要努力提高方略的正确运用能力

方略是相对格式化的，鱼情是有变数的，方略只有“对症下药”才能有效，这需要学习和在实践中总结，不断提高方略的匹配运用能力。

钓组的选用、做窝、用钩、用饵、钓点选择、操作节奏、起鱼、钓法等，也有对应性的运用方略，当水情、鱼情不同时，方略也需要随之适应性的变化。一个钓手，如果能够正确运用相应的方略、能够随着鱼情的变化而变化相应的方略，通常表明这个钓手的垂钓能力已经达到相当高的水准了。

3. 在提高综合能力方面

垂钓水平的高低区分，通常是钓手综合能力水平的高低区分。单次成绩会有着偶然性、有着运气成份，通常需要通过多次取得成绩的稳定性，评价一个钓手垂钓水平的实力。这不仅需要提高具体技法的运用能力，关键是要提高综合能力。钓手的综合能力，通常包括：

①钓时、钓场、钓点的正确选择能力；

②钓具、窝饵、钓饵的正确选用能力；

③水情、鱼情及其变化的正确判断能力；

④技法的正确应对及技法的正确应变能力；

⑤及时发现问题及正确解决能力；

⑥方略的正确运用能力；

⑦正确的理解、认识能力；

⑧体能及操作能力；

⑨运气的把握能力；

⑩在不同钓场的正确垂钓能力。

这包括在不同钓场的正确参赛能力，也可包括室内室外池钓、坑钓、野钓以及在不同季节的正确垂钓能力。

这需要大量的实钓经验，也需要一定的相关理论知识。总之，要想成为垂钓高手，需要付出艰辛的努力，包括时间、精力、财力、智力的付出。

如果垂钓只是为了休闲娱乐、养生，技能的提高可以自然地熟练和感悟提高，但为了增强乐趣、提高成就感和享受感，也需要了解、交流、研究、总结钓技钓法的合理运用。对于一般的钓鱼人，垂钓的难点通常是技法的合理运用，运用的匹配了，通常会取得一些钓获。

第二讲　垂钓的主要特征

钓组中具有浮漂

钓组中具有浮漂，是垂钓的最重要特征。

1. 垂钓，是钓鱼方式的一种

垂钓，通常是特指钓组中运用有浮漂的钓鱼，具体是指浮漂在上、钩饵在下的垂直钓鱼。这包括运用手竿带漂钓组和轮竿带漂钓组的钓鱼。

浮漂的使用及其线组的设计，决定了使用有漂钓组的钓鱼是漂组垂直的钓鱼。

2. 垂钓与“垂钓”不同

采用无漂钓组，将线组整体提直了钓鱼，通常也称“垂钓”，但这个“垂钓”是没有浮漂的垂钓，是没有借助浮漂作用而形成漂组整体垂直的垂钓，不是有漂钓组的垂钓。

钓组有六主件

常规的手竿垂钓钓组由钓竿、钓线、浮漂、漂坠、钓钩、钓饵六个主要钓件组成。这六主件，也是垂钓的特征之一。

1. 这六主件是传统配置

这六主件，与我国早期垂钓钓组的配置相同，一脉通古，是传统的配置。

宋代邵雍所著《渔樵问答》中讲述的垂钓钓组为“六物”，即“钓者之物：竿也、线也、浮也、沉也、钩也、饵也”。

2. 这六主件，是常规优化配置

这六主件，在垂钓钓组中各有分工，相互配合，是垂钓钓组的常规优化配置，也是普及配置。在垂钓时，各部件还需进行具体位置的合理安装。

3. 垂钓钓组，也可配置成为七主件

即，可增配鱼线轮。史料证实，我国早期的垂钓钓组有着配置鱼线轮的钓组，可钓深、钓远，并可有利于钓大鱼。

早期，配有鱼线轮的钓竿称“车竿”，这是古人曾以车示轮的表达，这如同现今的以冰钓示冰洞钓、以冬捕示冰下网鱼。

4. 这六主件，会升级换代

随着科技材料和科技加工制造业的高精尖发展，以及垂钓具体专项钓的细分，手竿钓组六主件的质量会升级换代，不断改进为更加现代、更加先进和更加专项专用的高质量产品。

5. 垂钓钓组，有整套钓组的灵、钝之分

钓组各构件的搭配通常需要灵钝的一致性，但也会因需而例外。即，个别构件的灵钝，会与整体钓组的灵钝不相匹配。

6. 垂钓钓组，需要有针对性的选用

有针对鱼情、水情不同的匹配性，要求相匹配的选用。具体有针对钓大鱼、针对钓小鱼的钓组，并有针对钓点远近不同的钓组，还具体分有针对冰洞钓、草洞钓、溪流钓、矶钓、池钓、冬季室内专用钓组和大水面成体系的垂钓钓组。

7. 垂钓的钓组构件，会有不常规的组件配置

不常规的组件及其辅助件的配置，通常属于个性化配置，通常是针对特殊鱼情、水情的改动性配置，其使用通常会有着明确地针对性和明确地局限性。

线组组件有常规组序

线组组件的常规组序通常是，在主线上：浮漂在上，其次下方是铅坠、钩饵（最下端）。这个常规组序，也是垂钓的特征之一，

1. 这个常规组序，是简洁优化的普及组序

这个常规组序，是使用垂钓钓组的力学要求，是简洁优化的普及组序，这也与常规鱼情、水情、钓法和所需要的漂组结构等有关。

2. 有着所需要的辅助装置

在这个常规组序中，会有着浮漂座（用于安装浮漂）、锁位豆（也称挡豆、定位豆，用于浮漂座、铅坠座的定位锁位）、铅坠座（用于安置铅坠）、连接环（用于主线与脑线的连接）等辅助装置。

这些辅助装置通常是因需而定，但完善的配置通常均会使用这些辅助装置。特别是参加钓鱼比赛，需要装备、装置的完备和精致地选用。

3. 有组装要求

按照这个线组的常规组序以及所需要的辅助装置，漂组的安装程序通常是：从主线下方依次穿过浮漂上方的锁位豆（1—2个）——浮漂座——浮漂座下方的锁位豆（1—2个）——铅坠座上方的锁位豆（1个）——铅坠座——铅坠座下方的锁位豆（1个），之后是在主线最下端系上连接环，连接环再接脑线及其连带的钓钩。

（1）浮漂座及其上下端锁位豆，既要能够在主线上锁位，又要能够在主线上移位。

这是适应水深变化的需要，也是适应浮钓水层不同的需要，还是适应底钓钓目和底钓下状态变化的需要。

（2）串漂的浮子，类似锁位豆，本身既可定位又可移位，但易劳损松动。

（3）铅坠，通常是“活坠”（能够在主线上定位，也能够在主线上移位），也可是“死坠”（不能够在主线上移位）。为应对鱼情和便于脑线长度的变化，铅坠通常要为活坠。

4. 也有针对特殊鱼情的个性配置组序

个性配置组序，属于不常规配置组序，通常会有特定的前提要求。例如，专门用于远点浮钓鲢鳙鱼的钓组，因钓点定位和便于线轮出线的需要等，铅坠是在浮漂之上安装的（铅坠在水深范围内能够自由滑动且落底），采用的是“水线两折式”钓浮，这属于线组的特殊配置组序。

漂组上下垂直钓鱼

漂组上下垂直的钓鱼，是垂钓的重要特征。

1. 漂组上下垂直，是有限定要求的

浮钓和底钓钓大灵时（钩饵垂直轻触底时，采用双脑线、双钩饵时是下钩饵垂直轻触底）的垂直，最为典型，这也是称其为垂钓的重要原因。

2. 上下垂直，是总体原则、总体特征和总体要求

浮钓时是最为标准的整体垂直。但底钓时，脑线可以是垂直状态的运用，也可以是弯曲或潜伏状态的运用。

风线，可以是斜线入水或不入水。

（1）有小风时，风线通常需要较多地入水，以减小、减慢因风力所带动的风线移动。

（2）对于较大的风浪，则是无济于事，风线和浮漂只能是随波漂流，通常只能是反复的钓“走漂”。

（3）风线的适量入水后，提竿时也可利于“倒鞭打”力的刺鱼。提空竿时，也可防止钓线的缠绕，还可有利于保护脑线。

立体式钓鱼

立体式的钓鱼，也是垂钓的重要特征。

1. 立体式的钓鱼，是说全水层的垂钓

（1）钩饵可以立体的停留在不同水层，同鱼所在水层大体的相

对应，也可钓底；

（2）钩饵也可以立体式由上而下的通过不同水层，引诱鱼的截饵、追饵，搜索目标鱼的所在水层。

运用立体式的钓鱼，可应对习性不同水层的鱼种，可应对鱼儿的潜底或上浮，还可促成鱼的接口、截口、追口，这有别于采用无漂钓组的定位静态钓鱼。

2. 实现立体式的钓鱼，与浮漂的使用有关

实现立体式的钓鱼，与浮漂的使用、线组的合理组序、合理量度的配重和水线长短变化的运用等均有关。但是，没有浮漂的使用，是不便于做到近点和远点定位静态垂钓不同水层的。

具有三种基本钓法

垂钓的基本钓法是：钓底（底钓）、钓浮（浮钓）、钓到位运行异常（通常简称钓异常，也称钓截口、动态钓浮，现今称钓行程）。这三种基本钓法，也是垂钓的重要特征。

1. 垂钓钓法，通常就是这三种基本钓法

垂钓钓法，通常不会突破这三种基本钓法和静、动组合的运用，这是由垂钓钓组的常规配置、力学限定和鱼情水情所决定的。

2. 这三种基本钓法，是传统的垂钓钓法

这三种基本钓法，不仅是垂钓的重要特征，还是沿袭、传承下来的垂钓钓法，通常称为传统的垂钓钓法。

自学垂钓者由于不知钓法的正确定义，通常会将自学的“笨钓”（立坠的重卧底）说是传统钓。

传统钓，通常是说采用有漂钓组或无漂钓组的定位静态钓鱼，核心钓法是钓底、钓浮、钓截口，也有“追星钓”、“点钓草窝”、“轮窝钓”、“船钓”等外在形式。

3. 这三种基本钓法的形成，是有原因的

传统的垂钓钓底、钓浮和钓截口的基本钓法，是由漂组的力学结构、鱼情、水情及使用方式方法所决定的应对钓法。

（1）浮钓时，有浮钓水层不同的灵钝运用；

（2）钓底时，有下状态落底轻重不同的灵钝运用。

运用拖网网鱼，拖底时，有最下端落底轻重的不同；拖浮时，有围拖不同水层的不同，这也是由鱼情、水情所决定的具体应对方法。

定位静态钓浮和钓底，通常是有意设定出来的钓法；钓截口，通常是在钓浮或钓底中捎带出来的钓法。在垂钓中的小幅度逗引，通常是对主钓法的补充配合，属于辅助性技法。冰洞垂钓杂食性鱼种时，会是钓底或钓浮，并会配合间断性的逗引，逗引是典型的重要辅助性技法。

4. 垂钓钓法，通常就是这三种基本钓法的表达

垂钓的基本钓法，主要就是这三种基本钓法的区分、表达和传承，通常重点是钓底、钓浮的区分和传承。但也有手竿钓法、轮竿钓法的表述，这通常是说手竿方式、轮竿方式的钓鱼。

（1）专钓行程（专钓截口），通常需要鱼的密度大、生口、截口多、鱼体相对小，可利于在高密度养殖鱼池垂钓开口好的小钓鲫。垂钓时，通常需要据鱼情的变化而变化钓法。

在高密度养殖鱼池专钓行程或运用钓浮的钓法，与鱼的密度大

小和鱼体大小有关，也与饲料机抛撒饵料形成养殖鱼群起上浮抢食的习性特点有关，有时也与水温是上温下凉、溶氧量是上多下少等有关。

（2）钓浮，有钓深浮、钓半水和钓浅浮的区分运用，主要是针对习性在中上水层游动觅食鱼儿的运用。小杂鱼和经抛撒饲料喂养已经习惯了立体式抢食的生口鱼，通常易被引上浮。

①当底栖类鱼离底时，也会运用钓浮；

②当水底有暗草、易挂钩时，也会运用钓浮。

（3）钓底，有下状态钓灵、钓钝、钓大钝的选择运用和相互间的交流，也会是以轻钓底、重钓底予以表达，主要是针对习性在水底觅食的底栖鱼类的运用。上层鱼，也会在水底觅食。

垂钓的钓底，是“往事钩沉”，铅坠的重落底，通常说是“座底”，属于笨钓。

5. 垂钓，有方式方法的区别

垂钓方式有轮竿钓、手竿钓、长竿钓、短竿钓、长线钓、短线钓、真饵钓、人工饵钓、快钓、慢钓等方式，并有岸钓、船钓、轮窝钓、追星钓等外在形式。

垂钓的具体方法主要是钓底、钓浮、钓行程这三种基本钓法。

首先要实现浮力与重力的平衡

运用垂钓钓组的钓鱼，首先要求漂组在水中实现浮力与重力的平衡，这也是垂钓的重要特征。

1. 这是运用垂钓钓组的核心技术

使用垂钓钓组：

第一前提要求是，钓组中要有浮漂，且浮漂的选用要具有针对性；

第二前提要求是，进行合理的配重，实现浮力与重力的平衡及平衡力大小的选择。

实现浮力与重力的平衡，既是使用垂钓钓组的重要核心要求，又是垂钓的重要特征，还是垂钓为什么需要调漂的最重要原因之一。

实现浮力与重力平衡后，漂组的整体重力在水中是等于或小于水产生的浮力。即在漂组最下端离底的状态下，浮漂在水中呈现的是调“平水”（浮漂最上端与水面平齐）或调“出水”（浮漂有出水体积）的状态。

这在调漂中，为调目的选择范围，也是达到漂、坠匹配和掌控配重合理性的范围，这也说是实现了“二力平衡”（浮力与重力的二力平衡）。

2. 漂组，是以浮漂为主的组成

漂组，是以浮漂为主组成的，是实现浮力与重力平衡及垂钓的需要，其整体重力由浮漂、水线、铅坠、脑线、钩、饵及辅助件的重力构成。

调漂配重，需要实现漂组整体重力与水浮力的平衡，并需要上下整体垂直和最下端的离底，这通常称“浮调”，也俗称“半水调漂”。

限定铅坠轻落底

限定铅坠轻落底，是垂钓的另一重要核心要求，也是垂钓的重要特征。

1. 铅坠轻落底，是底钓的“底限”

当铅坠轻落底时（单个立坠是垂直轻落底时，多个小咬坠是整体垂直轻落底时），是脑线的卧底状态（包括钓钩的卧底），这个状态是垂钓特征的底线限定。学习垂钓及调漂技术，需要知道垂钓的这一重要的底线特征。

2. 铅坠轻落底，是浮力与重力失衡的最低限定

铅坠的轻落底，是力学运用的要求，具体是保证失稳定是以浮力与重力失衡为主的要求。通常是浮力与重力失衡的最低限定，也通常是鱼咬钩时保证浮漂相对及时做出动态信号的最低限定。

漂组的力学结构，决定了底钓下状态可以实现铅坠的轻落底，也可以实现铅坠的以面落底的重落底，但由于垂钓时对于浮力与重力失衡力学运用的需要，垂钓特征的底线限定为铅坠轻落底。这样，才能保证底钓时有效运用到以浮力与重力失衡为主的信号，才能体现垂钓的技术含量，才能与无漂钓组的静态钓底相区别。

这个底线的限定，只能是钓钩和脑线的卧底。如果立坠是以面重卧底，为突破了垂钓特征的底线。

这个底线的限定，可提示钓者通过调漂掌控下状态，运用底钓的技术含量钓鱼，避免失灵、成为笨钓。

汉语中“底线”一词的含义和运用，与早期采用有漂钓组钓底

的这个技术限定有关。

在汉语中：心目、反目、一叶障目、浮浅、心底、到底、卧底、彻底、抄底、底细、谜底、不吃这一套等词汇，也与垂钓有关，表明我国早期的垂钓活动有着广泛的社会基础，积淀深厚。

3. 必要时，可突破这个限定

垂钓特征的底线，既是力学上的要求，又是实际运用上的核心要求。但在鱼情、水情特殊时，钓底通常也可以突破这个底线的运用，即运用铅坠以点重落底或以面重卧底状态的钓底。

运用铅坠以面重卧底状态的钓底，是借用了无漂钓组的钓底状态，通常是野钓中应对有风浪和猾口大鱼时的运用。这主要与垂钓底栖鱼的鱼体较大且少而又猾的鱼情有关，也与目标鱼当时或通常吃大钝的吃口有关，还与需要稳抓实口、钓场有风浪等有关，是有意为之，也是由鱼情、水情所决定的应对措施，大多是使用长竿钓组钓远、钓大鱼时的运用。在鱼情特殊时，池钓也会运用到铅坠的重卧底状态，通常会是必要的正确应对措施。

采用无漂钓组的定位静态钓鱼，也是传统钓的一个重要方式，通常是主钓淡水杂食性的底栖鱼种，且通常是主钓远和主钓大的运用，并会有着良好的效果。因而，采用有漂钓组的钓底，必要时也会借用无漂钓组的笨钓。

自学垂钓者，对于有漂钓组的垂钓，通常只知钓底，不知底钓下状态的灵钝划分，会自觉不自觉地运用重坠沉底、铅坠以面落底的下状态钓底，对于钓浮和钓底下状态多样性的运用感到新奇，内行者则是知者不怪、智者不惑、技以贯道。

第三讲　钓鱼钓法的区分

按钓法的动静分类

钓鱼钓法的基本定义是运用钩饵在水中静态时的不同状态，或运用钩饵在水中运行时的不同动速、动姿，实施钓鱼的方法。

这个基本定义的核心是钩饵在水中的动态或静态。因而，钓鱼钓法从大类方面，首先是分出了动态类钓法和静态类钓法，通常简称动态钓和静态钓。

动态钓和静态钓的类分，是应对鱼类以追食游动活饵和以觅食静态饵为主要食源，而类分开的两类钓法，这通常是钓鱼人针对不同鱼种进食习性而合理应对的经验总结。

1. 动态钓法

动态钓法，是说通过钩饵在水中运行时，捕捉鱼咬钩的钓鱼方法。

（1）动态钓法在垂钓中的运用

动态钓法在垂钓中的运用，主要是运用钩饵在到位运行过程中，捕捉鱼咬钩信号的钓法。即捕捉钩饵自上而下到位运行过程中，因鱼咬钩（截饵）浮漂出现运行异常的钓法，通常简称钓异常，也称钓截口、钓截杀、钓行程。

鱼的截杀，有早截和晚截之分。通常分出接口、截口和追口。这与钩饵的降速和目标鱼发现钩饵的时间、距离等有关，通常同钓点目标鱼的密度有关。底钓时，浮漂即将到位或刚刚到位，出现了鱼的咬钩信号，会是鱼的追口。钓底，当鱼有所起浮且又不适宜钓浮时，通常需要把握住这个追口。

①通过鱼的截杀早晚和钓点水深，可大体判断鱼所在水层；也可大体判断是否存在上下水温差、溶氧差，还可通过截口的多少大体判断钓点鱼的密度。

②野钓，钓饵的到位通常会遭到小杂鱼的阻截，这与小杂鱼的密度有关，也与小杂鱼通常爱上浮抢饵和不知死活等有关。粉面饵会被小鱼快速抢光，蚯蚓饵会被小鱼快速拉动，经饲料抛撒喂养的高密度鱼儿，通常会养成上浮抢饵的习惯。

③池钓，因通常无小杂鱼的干扰，有截口信号通常就是目标鱼的咬钩，当钓点鱼的密度大时也会是鱼的撞线。

④截口，也会有假口、真口之别，并会有真口居多或假口居多的情况。当钓底时的信号少而截口信号相对多，且抓截口信号中鱼率相对高时，钓行程、抓截口会成为一时的或始终的主要钓法。

⑤垂钓中的逗钓，是主动性的动态挑逗，也可列入动态钓，但通常是小动作的引逗，通常是对主钓法的辅助性配合。

（2）动态钓法在无漂钓组中的运用

动态钓法在无漂钓组中的运用，通常是通过对鱼线轮的收线、钓竿的摆动，运用真饵或拟饵（仿真饵）的动姿、动速的不同，由远而近的拖逗钓（也可是由运行的船进行拖钓），或由下而上的定层抽逗钓。

即主钓法是大小幅度变化的引逗、挑逗的动态钓。这通常需要运用钩饵在水中运行的幅度、所在水层、节奏快慢，造成钩饵的游姿和动速的变化，通常需要针对具体鱼种的具体习性运用所对应的动层、游姿、动速和对路的饵鱼，大多是要做出饵鱼受伤时的断续躲闪游动，引起掠食性鱼儿的攻击性追吞。

①这通常是动态钓法的常规运用方式，属于主动性的动态引逗钓。

②这通常是动态钓浮、钓运行异常。动态的拖底钓通常易被挂钩，当水底相对平整时也可运用“跳底”的技法。

③这主要是通过手感得知运行异常，即得知鱼的咬钩。

④这主要是针对具有攻击性的掠食性鱼种、冷水鱼种或半掠食性鱼种的专门运用。

这种大小幅度及节奏变化的动态拖逗、动态抽逗的施钓，通常需要不断的找鱼施钓，是正确认识掠食性鱼种食性特点及其合理应对的结晶。

运用抽逗钓、拖逗钓方式方法的钓竿，通常称抽钓竿、拖钓竿，并有着针对淡水、海水和钓大鱼、钓小鱼的区分制作。

掠食性鱼种通常不吃静态饵，通常不吃死饵或不善于发现静态饵，这与其食物链及天生食性有关，也与其善于观察动态物的视觉及其灵敏的听觉有关，还与其需要利用活饵的活性快速吞咽有关。活饵会有利其快速吞咽或吐出，不会因卡口而窒息。活饵在其口中越挣扎摆动，就会越有利于其吞咽。经喂养驯化的掠食性鱼种，也会习惯吃静态的饲料饵。

淡水中的杂食性鱼种通常无牙，食源结构通常是静态饵，因而通常需要运用有漂钓组或无漂钓组的定位静态钓浮或钓底。

运用动态的拖逗钓或动态的定层抽逗钓，通常是沿海及内陆主产掠食性鱼种地区的传统钓。这些地区由于没有或少有杂食性的淡水鱼，通常不运用有漂钓组或无漂钓组的定位静态钓鱼。这不仅与地域主产鱼种、水域资源结构、水质自然状况、气候条件等有关，还与饮食文化、宗教文化等有关。一些地区的民众不吃杂食性的淡水鱼，也有不吃鱼的。

需要注意：

一是，采用手竿垂钓钓组，也可只是上下较大幅度的动态抽逗钓，或由远而近的拖逗相对小的掠食性鱼种，但这已不属于有漂钓组的基本钓法，已脱离了浮漂的运用。

二是，手竿钓组在动态钓法中，分为主动性的动态钓和自然性的动态钓。

主动性的动态钓，即钓行程；自然性的动态钓，主要是反复的钓“走漂”，通常是因风浪和水流造成的走漂。垂钓所用浮漂是漂浮物体，且体积小、配重定位力轻，难以抗拒风浪和水流的带动，必要时需要改用无漂钓组。

三是，手竿钓组中的浮漂，是同定位静态钓法和观察鱼咬钩需要相匹配的，并需要运用浮力与重力平衡原理。筏钓竿的竿梢是同其适宜的钓法和观察鱼咬钩的需要相匹配的，如果带有了浮漂通常已不是筏钓钓组的配置。

筏钓的主要特点：

一是需乘船筏（简易船）动态地找到目标鱼聚集的钓点，通常是到达岸钓难以施钓的钓点；

二是需要运用筏钓竿施钓；

三是通常主钓的是与筏钓竿相匹配的掠食性鱼种；

四是在较高密度目标鱼的钓点，运用动态钓法。

筏钓，因通常主钓的是近点深水中的掠食鱼种，具体运用近点定层抽逗钓，在找对目标鱼密度较高钓点的前提下，通常先是要搜索到目标鱼所在水层，类似深海船钓的定层抽逗钓。

此外，运用筏钓竿，也可静态施钓杂食性鱼种，但通常需要选对区位并需要做窝，还需运用对路的钓钩、钓饵，这如同采用无漂钓组的静态施钓，但可通过水深与水线之比的掌控，实现近点静态钓浮。

筏钓，通常是传统钓的旁支，通常是我国淡水掠食性鱼种相对多地区的运用。运用筏钓钓组，也可在流水中施钓，还可在冰洞中动态的专钓冷水鱼，习惯了截饵的杂食性鱼种，通常也会被动态的钓到。

2. 静态钓法

静态钓法，是钩饵到位静态后，出现了动态信号时捕捉鱼咬钩的钓法。通常分无漂钓组和有漂钓组的定位静态钓，这通常是淡水主钓杂食性鱼种的传统钓法，核心钓法是定位静态钓底、静态钓浮。

（1）静态钓法在无漂钓组中的运用

由于没有浮漂的作用，静态钓法在无漂钓组中的钓底，主要是铅坠和钩饵定位静态沉底的底钓，通常俗称沉坠钓底，也俗称玩底砣、下底钩。通常是主钓习性底栖生存的鱼种，大多是以钓大鱼为主。

静态的沉坠钓底，是静候钓组由静变动的信号。主要是通过观察竿梢由静到动的信号，或者是绷紧的钓线出现了松弛信号，得知鱼的咬钩。

运用筏钓竿的定位静态钓，因竿梢前部的软度和弹性是特别制作的，且是绷尖的运用，鱼咬钩时竿梢的反应更加灵敏，这与其主钓的目标鱼和钓点相对近等有关。主钓远和主钓大鱼的轮竿通常相对长、竿梢也相对硬，钓竿的钓性、品质等要求与目标鱼相匹配。

（2）静态钓法在垂钓中的运用

静态钓法在垂钓中的运用，具体是定位静态的钓浮、静态的钓底，主要是静候浮漂由静变动的信号，具体是浮漂到位静止后出现了动态信号。

①静态钓法，主要是针对淡水杂食性鱼种的运用，具体是针对以觅食静态饵为主要食源鱼儿的运用。

②运用静态钓法，通常需要定位和做窝聚鱼，并会是静态等待发窝，这包括运用有漂钓组和无漂钓组静态钓鱼的前期做窝和钓中的补窝。

③池钓赛规则规定，不允许赛前做窝，只能是在开赛之后运用钓钩的带饵量和运用撩送钩饵频率做窝。这突出和强化了“诱钓合一”的技法，也突显了采用双钩饵的优势。

池钓赛不允许赛前做窝、不允许采用其他方式方法做窝，为的是尽可能地公平竞技，力求在开钓之初的诱鱼方面，达到相对的公平。

以钓法的状态区分

以钓法的状态区分，是动态钓法和静态钓法中的进一步区分，主要是以钩饵的离底或落底来区分，采用常规垂钓钓组也是力学上的划分。

在动态钓中，区分出动态拖浮、定层抽浮和动态拖底、动态跳底；在静态钓中区分出静态钓浮、静态钓底。

运用手竿钓的状态区分，通常是特指定位静态钓浮、定位静态钓底，简称钓浮、钓底，这通常是淡水垂钓杂食性鱼种最基本、最常规的传统钓法。

钓浮，钩饵在水中有着所处不同水层的状态，因而有着浮钓水层的不同；钓底，有着钩饵落底后的不同状态，以及脑线、铅坠的不同状态，因而有着底钓下状态的不同。

静态钓浮、钓底的区分，一是以漂组整体最下端是否落底进行区分，即以漂组整体力学区分；二是只以钩饵的离底还是落底进行区分。

1. 以漂组整体力学区分

漂组最下端落底，为钓底；漂组最下端离底，为钓浮。

（1）漂组最下端的钩饵落底，为钓底；

（2）漂组最下端的钩饵离底，为钓浮。

这通常是运用常规垂钓钓组区分钓浮与钓底的最基本原则。

2. 只以钩饵的离底或落底区分

（1）采用常规有漂钓组，并使用长短不一的双脑线、双钩饵，且是一钩落底、一钩离底时：

①落底的下钩饵，为钓底；

②离底的上钩饵，为钓浮；

③当下钩饵也离底时，为整体钓浮。

一钩落底，一钩离底，属于底、浮兼顾，但通常列为钓底，即属于整体最下端的落底。

（2）采用无漂轮竿钓组，且使用串钩进行钓鱼时：

①斜线离底的钩饵，为钓浮；

②落底的钩饵，为钓底。

由于线组最下端的钩饵落底，通常也列为整体的钓底。

提示：

1. 钓法的运用要同鱼情相匹配

运用动态钓法或静态钓法以及在状态方面的钓底、钓浮，均需要同鱼情相匹配。

（1）针对掠食性鱼种，通常运用动态钓

针对目标鱼是掠食性鱼种，通常需要运用动态钓法，这包括引逗、打频率的运用。

养殖鱼由于抛饵机的喂食驯化，会养成动态抢食的习性，当鱼的密度大、生口、争抢钓饵时，通常可以运用钓行程的钓法，也可通过加快操作频率，引鱼争抢钓饵，这需要具备目标鱼争抢钓饵的可能，盲目的快速操作，会是徒劳无功。

（2）针对淡水杂食性鱼种，通常运用静态钓

针对淡水杂食性鱼种，通常需要定位的静态钓底、钓浮。鱼吃底则钓底，鱼吃浮则钓浮，也可是二者变化的运用，这需要据鱼情而定。

①在静态钓底、钓浮时，还需要运用线组、浮漂、钩饵、下状态、漂组在水中的整体稳定力等多方面的灵钝应对目标鱼的吃口，这通常是初学者的技术难点。

②钓浮，通常是钓习性上层生存的鱼种，但也会垂钓离底上浮了的底栖鱼。

底栖鱼上浮的原因有多种，主要是与上温下凉的水温差、容氧差、水压差、水体中耗氧气体的释放、食源和鱼的病态等有关。此外，幼小鱼通常喜聚群上浮，经抛撒饲料喂养且习惯立体式争抢饵料的生口鱼，会易被引上浮。

③钓底，主要是垂钓底栖鱼类和习性在水底觅食的鱼儿。习性上层生存的鱼种，也会在水底觅食。

2. 钓底与钓浮的区分，通常是钓鱼人的共识区分

手竿钓底、钓浮的区分，既是以钩饵离底还是落底的区分，又是力学上的区分，通常是内行钓鱼人的共识区分，需要规范性的表达和交流。

钓法的区分，与钓竿和钓线的长短或钓者站姿、坐姿、盘姿时的钓鱼无关；使用虫饵、面饵、玉米粒饵或拉饵、包饵、散饵、搓饵、捏饵、蘸饵等钓鱼，属于钓饵的使用不同或使用方法的不同，不是钓法上的区分；使用单钩、双钩或串钩，是钓钩配置的不同，也不是钓法的区分；直接挑鱼上岸，属于起鱼方式的内容，更不是

钓法的不同。

参加正规钓鱼比赛时，服装的统一、钓具的现代化、装备的完整优良和摆放的规范有序，属于比赛规范的要求和便于使用、利于发挥出应有技能水平的需要，这也与钓法的区分无关。任何的正规体育比赛，都是追求器材的先进和要求相关方面的规范统一。

3. 手竿野钓与池钓，均是运用传统的基本钓法

手竿野钓与手竿池钓有着母子关系。淡水野钓杂食性鱼种，早于池钓；池钓的基本钓法，源于野钓。

池钓起步早及池钓广泛开展的地区，也有着广大的野钓爱好者，二者的基本钓法是一致的，主要是运用传统钓的定位静态钓浮、钓底。基本钓法均是由垂钓钓组的力学结构和针对鱼的习性所决定的，只是在针对人为鱼情或自然鱼情、喂养鱼或野生鱼、目标鱼体和密度大小、吃口轻重情况以及规律性等方面，有着各自具体应对策略和相关技术要求的区别运用。

池钓赛，只是多种钓鱼竞技项目中的一个项目，有着自身的特殊性，相对最易普及和开展。但池钓赛中应对养殖鱼及常规鱼情的正确策略及其配套技法，通常不能强加于垂钓纯野生的大鱼，也不能完全强加于冬季室内池钓赛或冰洞钓、竿坑钓、溪流钓的运用，各项目间的主体技法是相同、相近的，但有着具体针对性的细节技法区分，只是相互间存在着细节技法可以运用的机遇。

只爱好野钓者，通常擅长垂钓野生鱼；专攻池钓者，通常擅长垂钓养殖鱼，二者有着各自应对策略和应对能力的区别。如果池钓赛新投放的全是纯野生的大鱼，通常难以实现钓快。野生的大鱼因胆小怕人，会躲避到池中央，通常不会很快的开口，对商品饵通常

也不会贸然下口，也通常不吃大灵，跑鱼会炸窝，快速的“诱钓合一”会无效。

有区别，才会形成比赛项目的不同，这包括大项目、小项目和具体策略及其细节技法运用等方面的区别。垂钓，需要掌握基本钓法，但不是掌握了基本钓法就能够成为垂钓高手，需要多方面技能的全面掌握，高手通常是具有应对不同鱼情的丰富经验和功底深厚的实力。

4. 钓法的表述，有着约定俗成的叫法

钓法有着自身的定义，对其表述讲究科学性和规范性，但会有着约定俗成且是行家相对广泛认可的习惯叫法。

“笨钓”叫法，是约定俗成的习惯叫法。笨钓，通常是说下底砣、玩底钩的钓鱼方法，也就是失去运用浮力与重力平衡及失衡原理的钓法，通常不在规范的灵敏垂钓范围内，通常属于采用无漂钓组的静态钓底。

采用有漂钓组的垂钓，可以实现钩饵的离底，也可以实钩饵轻、重落底，还可以实现铅坠的轻、重落底，甚至会借用笨钓，但手竿钓底通常是限定在“底线”范围内的钓底，以区分开采用无漂钓组的静态钓底。

自学垂钓者，通常是本能地采用笨钓方法垂钓，这通常与自学者对铅坠的本能认知有关，通常会认为铅坠是用来使得钩饵落底、稳定钓点的钓件；这也与自学者对浮漂作用的认知不够有关，通常认为浮漂只是用来观察鱼咬钩的钓件，不了解浮漂在垂钓中的核心使用价值及其多方面的功用。这如同自学蛙泳者，上臂会是本能地平划水，专业选手则是有着外翻手腕并有着前臂的抱水动作。

如果随意选10位一点也不了解垂钓基本知识者，发给他们垂钓钓具并自行配重，浮漂无论是串漂还是单个立漂，他们的用坠基本上都会是超重，且会是本能的笨找底和笨钓。因而，自学垂钓者会对传统正宗的基本钓法及其正确的调漂，感到科学先进，并会认为掌握了正确的基本钓法就是掌握了最先进、最时髦的钓法，并会误以为就可以成为垂钓高手了。

钓鱼人之间，通常会相比钓获，逐步形成了钓鱼比赛，并不断地完善比赛规则。池钓赛起步早的地区，钓手的水平相对高，这主要是钓手对池钓赛的常规鱼情及其应对技法的认识和运用已是成熟，基本功厚实，通常是综合能力和应变能力强，不仅仅只是掌握了传统的基本钓法和池钓中的常规技战术。

5. 垂钓及其基本钓法，是中国文化元素

（1）中国是世界淡水杂食性鱼种的主产地，对于淡水杂食性鱼种的生产和食用有着悠久的历史，特别是鲤鱼和鲫鱼等鱼种的生产和食用影响深远。

（2）中国早在数千年前就开始了钓鱼的生产活动，之后发展为休闲娱乐和养生活动。史料记载，我国唐宋时期的垂钓活动最为盛行。

（3）中国是最早有记载运用手竿、轮竿有漂钓组垂钓的国家，并且钓底时有着“往事钩沉”之说。因而，垂钓及其基本钓法代表着中国文化元素，是中华文化的范畴。汉唐至宋，中国文化元素影响着周边国家的文化元素，甚至影响到了西方，表现了东方的文明进步。

第四讲　手竿钓组各钓件的主要作用

钓竿的主要作用

1. 硬延长的作用

硬延长，是相对钓线而言的硬延长。钓竿的延长，也是手臂的延伸。钓竿会因钓点的远近或目标鱼的大小，制作成为长钓竿和短钓竿，且有着相对的软、硬之分。

2. 利于钩饵到达钓点的作用

在钓竿的辅助下，可利于钩饵准确地到达钓点。

3. 便于操作的作用

可利用钓竿及其钓性、韧性、腰力、硬度提竿刺鱼、牵鱼、控鱼、领鱼、回鱼。

4. 缓冲的作用

可通过钓竿的韧性、弹性、钓性、整体弯弓力缓冲鱼的对抗力和瞬间冲突力，起到“以柔克刚”、“同步锁钩”、“四两拨千斤”

的作用。

5. 感受手感的作用

可享受中鱼、遛鱼时的手感刺激和猎获感的乐趣，这通常要求钓竿针对目标鱼的大小具有合理的长度、强度、钓性等品质。

提示：

1. 钓竿，是手竿钓组中的重要部件

不配有鱼线轮的钓竿，通常称为手竿。手竿加线组，为钓组。采取“手把线”也可钓鱼，但配有手竿的钓组，通常为常规普及且规范性的钓组。采用手竿垂钓，会更有利于提高刺鱼、控鱼、遛鱼、领鱼、回鱼、起鱼的成功率。

2. 手竿主要是用于淡水垂钓

使用手竿钓组钓鱼，主要是垂钓杂食性淡水鱼，且是以近钓为主，钓远、钓大通常需要使用长手竿或超长手竿。

3. 运用手竿垂钓，有着较强的遛鱼乐趣

利用手竿操控鱼的基本理念是：以柔克刚，感受牵鱼的手感乐趣。当鱼体较小时，提竿时也可以恰当力度将鱼头提出水面，带离钓点或将鱼儿直接提出水面顺劲拔上岸。

4. 垂钓所用手竿是个大家族，长短和种类齐全

因应对水面大小、深浅不同和应对鱼体大小以及钓位、钓点环境的需要，手竿分出了长短的专项专用，形成了种类齐全的大家族。主要分有：

①短手竿、长手竿、超长手竿，长节竿、短节竿，插节竿、拔节竿（伸缩式）和制作材料不同的手竿；

②适合钓大鱼的手竿、适合钓小鱼的手竿；

③适合远点钓的手竿、适合近点钓的手竿；

④适合快起鱼的手竿、适合相对慢起鱼的手竿；

⑤适合冰洞钓的手竿、适合溪流钓的手竿、适合标准池垂钓的手竿、适合冬季室内池钓的手竿、适合大水面应对鱼种不同、鱼体大小不同和钓点远近不同的垂钓手竿等。

野钓，由于鱼情（鱼种、鱼体大小的混杂等）、水情的多样性和钓点远近、钓位、钓点环境的复杂性等，手竿的长度、强度、钓性、品质等形成了齐全化、系列化。

5. 手竿具有专用性，也具有交叉性

池钓，针对常规主钓鱼种，通常具体分有适合钓鲫鱼的手竿、适合钓鲤鱼的手竿，并细分出了适合垂钓小鲫鱼的手竿和适合垂钓大鲫鱼的手竿等。这源于野钓中针对鱼体大小不同的大体区分，经池钓细分后更加适宜了池钓常规鱼情的钓竿专用。这是由标准池大小、深浅的水情以及常规主钓鱼种、鱼体大小所形成的钓竿细分和专用。池钓赛，通常使用 3.6 米长度的手竿，这通常是由垂钓高密度生口鲫鱼的鱼情所促成的。

溪钓用手竿，也是因水情和所针对的鱼种、鱼体大小所形成的专用，但用于溪钓的手竿也可在池钓中用于垂钓小鲫鱼。

手竿的使用有着专用性，也有着交叉点的可用性，但规范的要求通常是专竿专用，生产制作也是专竿专用的定位制造。

6. 手竿的品种及其各自的适宜性各有“长短”

长竿、短竿和长节竿、短节竿，主要是因钓点的远近、目标鱼的大小、有利于携带和合理操控等而有针对性制作的。长节竿的强度，通常大于短节竿的强度。

超长手竿，会是插节竿，通常用于钓大、钓远，当钓近、钓小时也可只用前三节。

（1）新手，通常对手竿的针对性认知不足

新手，通常会将池钓鲫鱼所用4.5米长度的手竿，作为标准手竿，并用于野钓大物，一根钓竿打天下。

自学垂钓者，在池钓中会使用长手竿垂钓小鲫鱼，这通常是缺乏对手竿针对性运用的正确认识。使用长竿、粗线、大钩池钓小鲫鱼，属于呆笨，但用其在自然水域垂钓大鱼则是匹配；使用短竿、细线、小钩池钓小鲫鱼，属于合理性匹配，但用其在自然水域垂钓大物，会是以卵击石。

大鱼，通常是指10斤以上的鱼。在食用方面，5—10斤通常为大鱼；在便于整鱼上桌方面，3斤通常为大鱼，这通常是民间的习惯界定。池钓，如果主钓的是大个头的鲤鱼或草鱼等，短而轻巧的钓竿会力不从心；如果鱼全部聚集在池中央，短竿会鞭长莫及。

（2）池钓竿具有专用性，也适宜野钓的部分鱼情

池钓赛所用标准池，起初源于水产部门的标准养殖池；池钓赛，源于池钓养殖鱼的休闲娱乐；池钓赛的基本技法，源于传统的基本技法；池钓赛，主钓的目标鱼，起初通常是鲫鱼。

池钓赛，通常是高密度的鱼情设定，主钓鲫鱼通常是以尾数多取胜，因而针对养殖驯化鲫的特点运用了针对生口鱼的边钓边诱、快诱快钓，并针对常规设定的鱼体大小，在便于操作和针对标准池大小方面限定了手竿的长度范围，生产商也相应强化了手竿的轻巧质量，逐步形成了池钓鲫鱼专用竿，并针对常规池钓鱼种也分出了池钓鲤鱼竿，这也适宜野钓时近点垂钓鱼体相当的鲫鱼或鲤鱼等鱼

种。

（3）主钓鲫鱼，适宜选用轻巧的手竿

垂钓鲫鱼的手竿，适宜轻巧的手竿，这主要是鲫鱼属于小型鱼，体能相对弱，通常是近钓，也可适宜频繁的操作。冬季室内池钓鲫鱼，由于场地更小、鱼的吃口通常轻弱，手竿需要更加的轻巧，线组也需要精细。

鲫鱼，是中华金鱼的祖先，是中国主产淡水鱼种之一，繁殖能力和适应生活环境能力强，分布广泛且数量相对多，相对耐低温，宜在近岸水域聚群觅食，属于乐趣性强的好钓之鱼，特别适用于手竿垂钓，通常为淡水小型鱼中的主钓之鱼，也是传统钓的当家之鱼。因而，野钓中的轻巧短手竿通常是用于垂钓鲫鱼等小型鱼。

鲤鱼、草鱼，属于大型鱼，如不被捕捞可长成几十公斤，1—2斤的鲤鱼、草鱼、青鱼通常属于鱼苗的范畴，但相对鲫鱼会称之为大鱼，通常适宜池钓赛混养鱼情的设定。

池钓赛，投放的鱼体如果过大，鱼通常会出现偏区偏位的情况，不利于比赛的平等竞争。

自由野钓时，目标鱼种及其鱼体大小和手竿的长度选用范围宽泛，可因需选择，不受一竿一线的比赛规则限制。主要是按照钓点远近、水深、钓法、目标鱼种及其鱼体大小等选择手竿的长度和钓性，也可“长枪短炮”齐上阵，同时垂钓远、近钓点以及水深水层的不同。八仙过海、五花八门，有效为好。

7. 手竿，有着常规使用长度

（1）野钓，手竿的常规长度

野钓，手竿的使用长度，通常为 2.7 米至 6.3 米的范围；6.3

米至 9.0 米长度，通常为长竿；9.0 米以上长度的手竿通常为超长手竿；7.2 米以上长度的手竿为重装备。这通常是针对中国人平均身高、臂长、体能以及实践总结后约定俗成的区分，渔具企业也通常是按此区分系列化的生产。

（2）池钓赛，手竿的常规长度

池钓赛，对于手竿的长度有着特定限定，主要是以标准池的大小和常规目标鱼的大小加以限定。池钓赛规则限定的手竿长度，通常限定为 4.5 米。这不仅与主钓的目标鱼种及其鱼体大小有关，也与室外标准池的长宽有关，通常属于人为的限定。

按天收费的竿坑，通常也限定为 4.5 米，但也会因鱼体过大及水面相对大，有所放宽钓竿长度。竿坑钓“大物”时（钓 10 斤以上的大鱼时）手竿限定为 4.5 米，并限定钓线的长度，通常属于难为钓竿的限定，这需要手竿的品质极高，通常也需要借助失手绳的作用或是需要大鱼的活性差，体能低。

长竿长线搏大物时，竿、线、人的整体受力会相对轻，相对易擒拿大物，会省力、避险。如果使用 4.5 米的手竿掌控 5—7 斤的鲤鱼，特别是操控纯野生的鲤鱼，会感到吃力，但改用 6.3 米手竿后，会感到轻松，如果改用轮竿，会更加省力。因而，主钓大体型鱼，轮竿通常是替代超长手竿。使用长手竿钓大型鱼，刺激性强，富有男人气概，但通常不能玩命，搞不好手臂或腰部会被拉伤，甚至会被大鱼拉到水中。

8. 钓竿，讲究钓性的合理性

钓竿，讲究软硬兼备的合理性。因而，钓鱼人不会使用前后一样粗硬的棍子竿钓鱼，而是要求钓竿是前细后粗、刚柔相济，具有相对合理的钓性。

（1）钓竿的钓性

钓竿的钓性，通常是说钓竿前、后节段的软硬及其韧性、弹性、强度之比。

钓竿挑起稍重的重物时，前段弯下的节数越多，钓竿越软。例如，“三七钓”，是说将钓竿长度划分成10份，前3份（包括竿梢）相对软，易形成小弯弓，前后的软硬比为三七比，这通常也表达着前后比的弹性、韧性、强度。

手竿的钓性，除了表达前后节段的软硬比外，也表达着手竿的整体软硬度，还体现着每一节的软硬顺畅比。配比合理，满弓状态顺畅，弧线及受力合理，腰部不易折断。

（2）钓竿软硬钓性的优劣

钓竿的软硬钓性，也是钓竿的性能，各有优劣。钓竿的钓性，源于竹节竿的自然属性，之后是有针对性的设比选择和制作，需要有针对性的选用。

① 钓竿相对软的优劣

手竿钓性相对软，其腰力通常弱于硬竿，但韧性和强度仍要求的相对高，发力提竿挑鱼时，钓竿相对软的前段会先形成弯弓，易缓冲钩线和前节段的瞬间受力，易顺畅形成钓竿的整体满弓，不易形成“拔河”，但不足的是起鱼速度会相对的慢。

超长手竿的钓性，通常相对软，可利于形成大满弓，可将主受力点集中在最后一节，这也与各节段软硬度和韧性、弹性、强度、质量的顺畅配比有关。如果满弓弧线不顺畅有拐角，通常说明拐角处的节段配比不合理，也说明该节段强度配比弱，易被折断。此外，软硬竿的满弓弧线也是有别的，硬钓竿满弓后的弧线通常跨度大。

②钓竿相对硬的优劣

手竿钓性相对硬，发力提竿挑鱼时，由于前节段相对偏硬，瞬间软缓冲能力相对弱，钩线和前节段的瞬间受力相对重，相对易伤钓钩和脑线，因而提竿力度通常需要小于软竿的提竿力度，这样也可避免中钩之鱼的突然爆冲，否则易拔河。此外，提竿相对轻，鱼会有中钩后的痛点感，会相对顺从牵领。

使用偏硬的手竿可相对有利于快速起鱼，可利于牵拉住中钩之鱼，避免大鱼躲避到水草、挺水植物等障碍物中，但挑大鱼时会相对易“拔河”、切线跑鱼；鱼在水中摆动翻腾时，运用钓竿前段软弹力“同步锁钩”的作用也会相对弱，鱼相对易脱钩。对其提竿力度和牵鱼操作的合理性、技巧性的要求高于软竿，因而新手通常不适宜选用硬手竿。池钓赛、竿坑，开钓之初为快抢生口鱼，通常会使用硬手竿，但钓糗鱼时，手竿钓性通常要适中。

（3）手竿的常用钓性

①手竿的常用钓性，通常是三七钓。

②常用硬钓性的手竿，通常是接近二八钓。

③超长手竿通常会是接近四六钓。

如果长手竿钓性过硬，发力提竿刺大鱼和牵制大鱼时，硬对硬，通常易伤钓钩和脑线。如加粗脑线，则易伤主线、钓竿。钓组配置的强度，通常需要“以小保大”。

手竿的钓性，会以软、硬的文字在钓竿上标明，也会以几 H 的方式进行硬度级别的标识，这如同碳素铅笔的硬度级别标识。

9. 手竿的选择和使用，有着多方面的讲究

（1）手竿的钓性要匹配

手竿的钓性，要同鱼情、水情、钓法、控鱼、回鱼速度、起鱼方式、钓点的远近等相匹配。

①用于浅水钓（水深不足 1 米）、冰洞钓、溪流钓或超长手竿钓大鱼，手竿钓性通常相对偏软。

②池钓赛，快钓高密度鲫鱼所用的手竿，通常会是“轻细硬”，手竿钓性通常是接近二八钓。

③池钓赛，慢钓时，钓竿通常适宜使用三七钓。这是由适宜性所促成的。硬竿的使用，通常是快速回鱼、起鱼、以利省时的需要，目标鱼通常不易过大或鱼的体能不是很强。如果鱼大体强，硬对硬，通常易切线、断竿、跑鱼。

（2）手竿的长短要匹配

手竿的长短，要同鱼情、水情、钓点远近、钓位高低和钓法等相匹配。

①目标鱼小且近点钓时，要使用短而轻巧的手竿。因而，池钓鲫鱼通常是使用 3.6 米长度的手竿。

②目标鱼偏大且相对钓远时，需要使用长度适合、钓性适中的手竿。因而，主钓大鱼且钓远的超长手竿通常偏软。

（3）手竿的品质要匹配

手竿的品质，要同目标鱼的大小、体能相适宜。手竿品质的主要内容是与目标鱼种、大小、体能相匹配的钓性、挑力值、韧性值、弹性值、强度值、腰力值、节段衔接值等精度标准的质量内容，通常也包括粗细、轻重、长短尺寸等特征的内容，并有着品质等级高

低之分。

①品质高的手竿，质量能力强，能够承担与其相匹配之鱼的体能。通常也会是称手、耐用、各节段过渡合理、无死节、不卡节、挑重力时无杂音等。

②同是三七钓，钓竿的长短及品质会不同。

③在手竿品质能力不减的情况下，可通过制作材料、先进的工艺，实现手竿的减轻减细。

因操作不当或鱼的瞬间爆冲力、猝不及防等原因，手竿通常会被断前节，这主要是因为前节段的品质能力低于后节断，这通常属于正常合理的断节部位。中腰节段的爆断，通常属于该节段强度配比有问题，这也与超负荷的使用、握点过高、急于回鱼、不会通过方向变化和身体移动的泄力等有关。

用短而轻巧的手竿搏大鱼，通常说是手竿不做主、不称手，这也是由于手竿的品质不做主、钓组的不做主和不匹配，钓者会感到力不从心或无能为力，用其勉为其难地硬撑大鱼，通常会损失惨重。

俗话说，放长线钓大鱼。用长竿，通常也是为了钓大鱼，或是为了钓远点之鱼。钓大鱼需要使用重装备，钓小鱼需要使用轻装备，钓竿长度和抗断强度等要与目标鱼的体能相匹配，这样才能得心应手，才能得益于钓竿的品质。当由于水冷等原因，大鱼无力时，使用短而轻巧的手竿也会钓获到相对大的大鱼，这通常是无意或有意为之。

各种钓鱼钓组均是针对主钓鱼体大小、钓点远近和所需钓法、钓位的需要等配置的，各有各的具体长处及主体适宜性的运用。

采用手竿钓组，要针对其适宜性的需要选择目标鱼、钓位、线组配置和操作方式等。在标准池垂钓，有着标准池的鱼情和所适宜的垂钓钓具和操作要求等。这如同在大海中的矶钓和深海中的船钓大鱼，各自有着主钓的目标鱼种、鱼体大小和钓具装备方面的具体区别，各有各自的具体技能、具体要求和高手标准，通常不能相互替代，但在钓竿的配置方面均是需要同目标鱼相匹配，通常不能“小马拉大车”也通常不会“大马拉小车”。

手竿，有着长短和专竿专用的针对性，轮竿也是如此，也有着规格大小和品质高低的级别之分。

（4）操作手法和操作要领要合理

①需要掌握好臂、腕提竿“倒鞭打”动作幅度和提竿力度。

②需要充分运用好钓竿的整体弯弓力控鱼。外行者，中大鱼后通常不会运用钓竿的整体弯弓力控鱼，会下意识地直拉钓竿同鱼拔河，或会急忙向上握住钓竿的偏上端操控鱼，造成断竿。

在抄鱼时，也会是用抄网错误的扣鱼，或牵鱼与抄鱼配合不当，把握不住最佳抄鱼时机，造成跑鱼或伤竿、伤线。

③牵鱼的力度需要相对合理。控遛大鱼，通常要有相持阶段，如果回鱼力度过大、过急，易造成跑鱼，欲速则不达。有经验的钓手，通常能够把握住所需要的相持时间和具体的相持技法，有章有法、举重若轻、沉稳而不急。

10. 手竿的制作材料、工艺和品质会升级换代

垂钓所用手竿会升级换代，但手竿的长度、钓性、品质与所垂钓目标鱼情相匹配的要求是不变的。

碳纤维布，是新型材料，集轻、刚、韧、脆及弹性于一体，具有良好的可塑性，广泛用于体育器材的制作（高尔夫球拍、网球拍、

羽毛球拍、箭杆等)。用其制作各类钓竿，可使钓竿的品质得到提升。

高碳素钓竿，有利有弊，其最大的特性是高导电，忌在雷电区、雷雨天中使用，使用时需要远离变压器和高压线，切不可大意。此外，如果钓竿的含碳量过高，其脆性会相对显现，竿梢及腰部易爆断。

钓线的主要作用

1. 软延长的作用

通过软伸长，可应对钓点远近和水深的需要，具体可使得钩饵到达一定距离的钓点和所钓水深。

2. 连接的作用

可连接钓竿、钓钩等钓件，构成钓组。

3. 组成线组的作用

钓线，可携带相关钓件，组成以钓线为主的线组。线组，是由在钓线上安装的所有钓件所构成，是以钓线为主的组成，这也包括钓线在内。

4. 带动的作用

钓线受力后，可连动线组钓件。具体可带动钩饵的引鱼、刺鱼，也可带动浮漂出现动态等。

5. 利于牵鱼的作用

使用长竿、长线组合，通常会更加有利于牵制大鱼，利于抵挡大鱼的对抗力。只用钓线也可牵鱼。当没有钓竿或不便携带钓竿时，也可“手把线”的牵鱼，线组就是钓组。“手把线”牵大鱼时，通常要有足够的可放之线。

6. 保护钓竿的作用

可断线保竿，这通常要求钓线的抗断强度要低于钓竿的抗断强度。

提示：

1. 钓线，有号数和强度之分

垂钓所用钓线，有粗细号数和拉力值大小之分，也有制作材质的不同之分。选用，需要同目标鱼的大小、吃口强弱和鱼的对抗力相匹配。

（1）钓线的粗细，通常体现着钓线的强度

钓线直径粗，号数大，通常表明钓线的强度大、拉力值高。

（2）钓线的品质，在于拉力值的大小

直径相同的钓线，拉力值会不同。这与制作材料和工艺水平有关。

2. 钓线的选用，要与目标鱼的抗争力相匹配

钓线的拉力值，通常与所钓之鱼的体能相匹配为宜，不是抗断强度越大越好。野钓、池钓或冰洞钓等，钓线的粗细、强度均需同目标鱼的吃口和体能相匹配。

（1）钓大鱼，钓线通常相对粗

野钓，通常是以主钓大鱼为主，钓线的强度通常要相对高。如果是主钓小鱼，钓线通常相对细，强度相对低；如果是大小鱼兼顾，通常是要基本上能够承受住大鱼体能的需要。

（2）钓小鱼，钓线通常相对细

鱼小，体能也相对小，钓线通常相对细。池钓，由于目标鱼的

大小心中有数，钓线的强度要与目标鱼的吃口和体能相匹配。

3. 淡水钓的钓线比重，通常是大于水的比重

当钓线比重大于水的比重时：

（1）会利于钓线的入水

水线不会有漂浮在水面部分。

（2）水线会参于配重

水线会在浮力与重力平衡的配重中参与配重。垂钓时，水线的延长、缩短和风线的适量入水会对漂组的配重造成或多或少的影响。

4. 手竿，通常是使用齐竿线

使用常规长度的手竿，钓线通常需要配置为齐竿线。即钓线通常要与钓竿的长度相当（包括脑线要略长于钓竿的长度）。

（1）齐竿线，是手竿常规优化配置

齐竿线是普及优化配置，既便于上饵、荡送钩饵，又有利于提竿刺鱼、控鱼、回鱼，还符合手竿牵鱼时受力的力学要求，并便于流畅地操作。

（2）齐竿线，是手竿的传统配置

在我国的早期国画和瓷器绘画作品中，描绘垂钓的画面展示，早期钓鱼人使用的是齐竿线。近代，在民国时期的挂历、艺人作品中也有表现。池钓赛诞生前，在休闲池钓和野钓中，钓鱼人普遍运用的是齐竿线。

5. 手竿的竿线配置，有着非常规配置

因鱼情、水情和钓位、钓点的特殊需要，竿、线也有“长竿短线”或“短竿长线”的配置，这属于特殊应对的需要，通常属于竿、线的非常规配置。

（1）长竿短线的配置，有着专用性

①主要是垂钓草隙水情的运用

通常是针对水中具有较密集障碍物（主要是水草）、目标鱼不大的运用，通常是专门垂钓草隙、草洞水情的竿线配置。

采用长竿短线的配置，主体钓法是钓底、钓浮，这需要合理的调漂，最大的特点是可使得钩饵由上而下地准确系入空隙钓点，避免因偏离钓点而挂钩，这也可不惊吓钓点中的鱼儿。通常是在草隙、草洞、荷塘、浮萍、茭塘、稻田中“点钓”自然鱼窝的运用，主钓的是鱼体不大的鱼儿。早期，一些荷塘、稻田中通常会专门套养鱼。

②也会是超长钓竿的运用

使用超长手竿，也会是长竿短线的配置。当使用超长手竿垂钓时，为便于撩送钩饵的操作，或为方便轻巧的“甩大鞭”，或为方便以钩带送窝饵、准确定点做窝及垂钓，钓线会有所短于超长钓竿的长度，但通常不能短于“底把”长度。

如果钓线过短于超长手竿的长度，通常不适宜垂钓较大鱼体的大鱼。当为达到钓远点草洞中的小型鱼时，钓线可以是较多地短于钓竿长度，这通常需要采取收竿节的方式起鱼，已不完全需要通过钓竿整体弯弓力的作用起鱼。

钓竿和钓线是一寸长，一寸强。使用超长手竿，通常是为达到钓远点和搏击大鱼。当运用超长竿的短线搏大鱼时，一是钓线不能短于“底把”长度，二是钓竿的钓性要偏软，以弥补因钓线短造成的钓钩、钓线、钓竿前段受力相对重的不足。

钓线如果过短于手竿长度，且“打满竿”，提竿和操控大鱼时，钓竿的主受力点靠前，钓钩、脑线、主线和钓竿的前节承受力大，钓竿整体缓冲的作用受限，易造成“拔河”、切线跑鱼。针对钓大鱼，这通常属于竿、线配置的不合理，属于“长竿短用”。此外，钓线过短于手竿长度，也不易上饵操作和起鱼等。

将高强弹性的橡筋条（橡皮筋）替代短主线，可解决“长竿短线”垂钓大鱼时不利于充分缓冲泄力、易断脑线跑鱼的问题。这通常是被迫的改良，钓竿的钓性、整体弯弓力的作用基本丧失，手感的刺激性也大打折扣。

长竿短线的竿线配置，是传统竿线配置的“枝节”，外行者会称其为传统钓，这会误导“齐竿线”不是传统的竿线配置。

（2）岸高水面低，通常需要配置长线

当钓岸相对较多高于水面时，竿线的配置会是相对而言的“短竿长线”。如果使用齐竿线或长竿短线，属于不会因地制宜的施钓。矶钓时均是站着钓，很累，但属于对钓场地势和水情、鱼情的正确应对。

（3）配置鱼线轮的钓竿，也为“短竿长线”的配置

配置鱼线轮的钓竿，可便于放长线钓远、钓深及钓大鱼。这种配置，可通过钓线的长、钓竿的钓性、鱼线轮的出线阻力等缓冲大鱼的冲击力，通常是主钓大型鱼的利器，也有着专钓小型鱼的轮竿钓组。

脑线的主要作用

1. 保护主线的作用

可“丢卒保车”，这通常要求脑线要细于主线。

2. 刺鱼瞬间，聚力发力的作用

发力提竿时，脑线会有鞭梢的瞬间聚力和发力的作用，可有利于快速而有力地刺鱼。这需要借助铅坠的作用，也通常需要风线的有所入水，以使得提竿时具有良好的“倒鞭打”效果。

3. 摆动引鱼的作用

钩饵及脑线在到位运行中的弧线运动，会引起鱼对钩饵的注意及追食。因风浪、水流，也会造成脑线及钩饵在水中的摆动。脑线长，弧线摆幅大，到位用时相对长，反之相反。

4. 灵魂的作用

脑线的摆动和底钓时脑线下状态多样性的运用，通常为脑线的灵魂作用。

5. 隐蔽的作用

钓底，当脑线呈卧底状态时，钩饵与铅坠拉开了距离，脑线和钩饵呈藏底、潜伏状态，形成了隐蔽，可降低猾口鱼的警觉性，也可促成鱼儿的加力吸底饵，还可给鱼儿较多的吞饵时间，这通常是在鱼情特殊时的运用。大多是针对猾口鱼和“泡大鱼”时的运用。此外，脑线细也可利于鱼的入口，减少鱼的警觉性。

6. 限定底钓下状态最大灵钝范围的作用

钩饵的轻触底——铅坠的轻落底，是底钓下状态的力学限定范围，因而底钓时钓鱼人通常是以脑线长度的选择，作为底钓下状态灵钝的最大力学范围，这需要脑线长度的合理性。针对鱼情及鱼吃口的需要，当只是钓底且是以钓钝为主时，脑线通常相对短，这也可减少垂钓时的挂底率。

提示：

1. 垂钓所用钓线，通常会分出主线和脑线

（1）脑线，是铅坠与钓钩之间段的钓线

脑线是由铅坠在钓线下端断分出来的一段钓线，但在通常的情况下是另外连接出一段脑线，以便于保护主线和便于更换。

脑线之所以称为脑线：

①脑线是下状态摆动引鱼和底钓下状态灵钝的灵魂线、头脑线。

②可提醒钓者运用大脑使用好这段钓线来钓鱼。

（2）脑线也称子线

当脑线细于主线时，也称子线，主线则称母线、大线；当脑线粗于主线时，通常俗称“倒拉牛”。

2. 脑线的选择及使用，需要符合相关要求

（1）需要了解脑线的底细

①脑线通常要细于主线，以有利于保护主线，也有利于弯曲，还可降低鱼儿含钩时的感知警觉性。

②脑线需要细致的运用，不能凑合着用。脑线有伤、打弯、起毛或疲劳老化了，需要及时的换掉。

③钓浮时，脑线有着长短变化的技术底细。采取高铅位钓浮时，可使得脑线长用、摆幅增大、钩饵到位增慢，利于鱼的追饵。

④钓底时，脑线有着灵钝变化技术的运用底细。

（2）脑线可多状态的运用

钓底时，脑线可以是垂直状态的运用，也可以是有所弯曲或全部卧底状态的运用。

即钓底时脑线可是有张有弛、有收有放、有实有虚地运用，这通常需要脑线要具有一定的柔软性，以达到刚柔并济。

脑线灵钝变化状态的运用，对于自学垂钓者，通常是钓底技术的“谜底”。

（3）脑线有着长短量度的合理要求

①脑线的长短，要利于或不利于鱼的追饵或截饵。这需要针对目标鱼的密度、所在水层、追食速度和钓法等，进行长短的应对。钓底时，为减少小杂鱼的截饵，脑线通常会相对短。

②当钓底且主要是运用铅坠的轻落底时（应对警觉性高的底栖大鱼时），脑线的长度要有利于通过上状态，掌控铅坠的轻落底。这通常需要处理好立漂调目量（调目时水中目数）与脑线长度的关系。

底钓钓大钝状态（铅坠轻落底状态）时，脑线如果过长，也为笨钓。

③垂钓草隙，脑线通常要短些，以便于钩饵准确地系入水草的空隙中，也可减少钓钩被挂的机遇。

（4）脑线有着强度和粗细方面的要求

脑线的粗线和强度，需要与所垂钓的目标鱼种、鱼体大小、起鱼速度等相匹配。核心是，脑线要同鱼的对抗力相匹配。通常是在强度系数有保证的前提下，尽可能的细，这也可有利于轻口、弱口鱼的吞钩。

①使用细脑线，通常易被闪力闪断，这需要提竿手法的合理性。特别是在浅水钓点提竿刺鱼时，需要提竿力度的合理性。

②风线适量入水、手竿钓性相对软、钓线略长于手竿且钩饵到达钓点后是留有余地（未打满）的使用，在发力提竿时可有利于保护脑线。

③同鱼相搏时，不急于起鱼，正确的握点、手竿的合理角度和左右方向的正确操作、身体的合理移位等，也可有利于保护脑线。

初学者，通常急于求成，会用力过猛地提竿刺鱼，这会促使中钩之鱼爆发式地逃窜，不仅会增大牵鱼的难度，还易损伤脑线等钓组部件。

刺鱼速度太快太猛，鱼会不觉痛点，会受到惊吓，会奋力冲突，难以控制，易伤线和脱钩。当鱼中钩后发蒙时，可乘其未醒悟时，快速的起鱼，这通常需要钓竿、钓线、脑线的强度有保证。

钓钩的主要作用

1. 刺的作用

鱼吸入钓钩后，提竿受力，钩尖先是刺入鱼唇或鱼的口腔。鱼也会因涮钩或含钩游动，被钩尖刺中，采用无漂钓组的笨钓，主要运用的是这个机理。鱼吃成死口后，通常会拉动钓线。

2. 钩的作用

可钩住鱼嘴，也会意外钩住鱼体或挂底。采用双钩或多钩遛鱼时，鱼嘴外的钓钩会钩住鱼体或水中障碍物。

3. 携带钓饵的作用

钓饵通常需要钓钩的携带。但也会有特殊，专门远点浮钓鲢鱼的钓组，钓饵是装在饵笼中的。

4. 动态引鱼的作用

这通常需要钩、饵、脑线、漂坠共同配合地动态引鱼。

5. 脑线垂直的作用

钓钩也是配重之一。钓钩通常位于手竿钓组的最下端，在浮力与重力平衡中，其重力会使得脑线垂直，达到漂组整体垂直。

6. 启动点的作用

这通常需要将钩饵，共同设定为漂组的启动点。

7. 区分钓浮和钓底的作用

钩饵的离底，为钓浮；钩饵的落底，为钓底。

提示：

1. 钓钩，是实现中鱼的重要钓具

钓钩不仅是“刺”，更是钩。民间传说姜太公钓鱼使用的是直钩，这通常是配合“愿者上钩”的说法。

2. 钓钩，有着钩种、钩型、大小区分

钓钩，通常为金属制作，有着钩种、钩型、钩号的大小排序区分。具体有着：钩的大小、钩色（金、银、黑）、钩门宽窄、钩条粗细、钩刺长短和内倾度、钩颈和钩柄长短以及钓钩的韧性、硬度等之分。

这通常是针对不同鱼种、鱼体大小、口腔大小、口形、吸饵力、开口强弱、食饵方式、鱼的对抗力和钓法、用饵等因素制作，需要有针对性地选用。因而，会分有鲫鱼钩、鲤鱼钩、专钓掠食性鱼种用钩的大体和具体的区分等。

3. 钓钩的选用需要恰到好处

钓钩，不是越大越好，也不是越小越好。钓钩选用对了，可提高鱼的入口和中钩率，可利于合理表现漂信，这需要熟知不同鱼情时的用钩，包括钩型、大小、钩条粗细等。重点是，钓钩要有利于鱼的恰当入口和中钩，且要能够抵住鱼的抗争力，并需钩尖锋利、尖锐。

4. 钓钩的使用需要有区分的选择

钓钩选用的基本要求是：

（1）专钩专用

①要针对鱼种的不同专用；

②钓小鱼用小钩，钓大鱼用大钩；

③ 鱼吃口轻、吃口弱，相对用小钩；鱼吃口猛、吃口重，相对用大钩。

（2）因实际而运用

大鱼，也有吃口轻弱的时候；小鱼，也会是吃口很猛的。大鱼，也会因活性差而吃口软绵，需要相对地使用小钩；猾口鱼，通常会感知到入口钓钩的危险，并会快速地将钓钩涮出，但也会因吸入大钩后难以吐出而中钩。

5. 钓钩，分有带倒刺钩和无倒刺钩

（1）因需要，钓鱼人发明了带有倒刺的钓钩

①带倒刺钩可有利于“锁钩”，减少跑鱼机率。

②带倒刺钩也可利于锁定“活钓饵”，还可有利于携带面饵且减弱脱落。

我国出土的古老钓钩表明，早期钓鱼人先使用的是无倒刺钓钩，

有大有小。

（2）现今，无倒刺钩通常用于池钓赛

池钓赛，使用无倒刺的钓钩，主要是可便于快速卸鱼，节省时间，减小对鱼的伤害，这也是比赛规则的限定，这也与比赛规则要求钓放鱼、不允许使用蚯蚓等活饵有关，还与参赛钓手控鱼技术能力强和通常不必担心跑鱼、炸窝等有关。

6. 钓钩，通常配置为单钩或双钩

手竿常规钓组的钓钩，通常是单脑线、单钩或双脑线、双钩的配置，钓钩通常要是位于线组的最下端与钓饵共同成为漂组的启动点。

这通常是钓钩的常规配置，这与浮漂的使用和所需常规启动点的力学设置有关，也与常规鱼情、水情等有关，还与垂钓比赛的限定有关。

（1）在易被挂钩的水域垂钓，通常运用单钩

在易被挂钩的自然水域中垂钓或主钓大型鱼，通常是单脑线单钩的配置。在自由野钓时，针对水情环境、鱼种、鱼体大小等需要，也会配置为双钩或多钩。

（2）在人工钓场垂钓，通常运用双脑线双钩

在标准池、放钓坑、养殖塘等人工钓场垂钓，通常是采用双脑线双钩的配置。这与人工钓场通常不会出现挂钩有关，也与通常是主钓鲫鱼等有关。

人工钓场水中通常不会有杂物和水草，通常不会挂底，这与人工钓场中鱼的密度相对大且鱼体相对平均有关，还与通常需要“诱钓合一”的做窝方式等因素有关。

7. 采用单钩或双钩，属于钓钩配置数量的区分

采用单钩或双钩，属于钓钩配置数量的区分，不是钓法的区别。均可钓底、钓浮或钓截口，二者各有长短，各有各自的适宜性和优劣。

（1）单脑线单钩配置的优点

相对便于调钓，信号相对易辨别，通常适用于鱼情猾或易被挂钩的水域，不易跑鱼、炸窝，摘钩时通常不易意外伤手。

（2）双脑线双钩配置的优点

采用双脑线双钩的配置，大多是主钓高密鲫鱼的运用，浮漂信号会相对丰富，中鱼机率相对高，可中双尾，且双钩可具体分工的运用。

①当双脑线长短不一（高低不一）时，可钓浮、钓底兼顾。即，上钩钓浮、下钩钓底；双钩均是钓底，可运用双钩下状态的灵钝不同。

②可同时运用两种不同的钓饵或两种状态不同的钓饵；也可是一钩用于携带窝饵，一钩用于携带钓饵。

③双钩，也可是一大一小的运用。

④采用双脑线双钩且是使用粉面饵，可利于在池钓赛中“诱钓合一”的做窝和钓鱼。即，可以双钩携带窝饵或钓饵的诱钓。

8. 用钩，还有着其他形式的配置

垂钓钓组的钓钩采用其他形式的配置，通常属于非常规的配置、“野路数”的配置。会有串钩、葡萄钩、组合钩、扁担钩的配置等。这通常是自由野钓时应对特殊鱼情的需要，也会是钓者的自行改动，通常不是手竿垂钓钓组的常规优化配置。

串钩，通常是用于主钓高密度的小型鱼，可多钩中鱼，也可用于钓大鱼；爆炸钩，通常利于诱钓合一，既做窝又钓鱼，通常是匹

配轮竿远点钓的运用。

需要注意：

一是，铅头钩（将铅坠焊接在钩柄上，钩坠二合一，也通常会装饰成仿生饵的“毛钩”），是运用动态钓法，专钓掠食性或半掠食性鱼种的专用钓钩，可有利于掷钩、撑控钩饵在水中的动态和快速刺鱼等。淡水中的拖逗钓、抽逗钓通会运用到铅头钩钓鱼。

手竿垂钓的钓钩如果配置为铅头钩定位静态垂钓，会不便于进行调漂的配重变化，通常不适宜有漂钓组的定位静态钓底。由于钓线上已无需漂坠，也就无脑线的段分，钓底时的下状态灵钝范围变化已很是有限。

杂食性淡水鱼相对掠食性鱼种，吃口的特点是相对轻、慢、文静，静态含钩时通常易感知到铅头钩的重量，会快速的吐钩，不易中钩。

自学垂钓者，会将其运用于静态躺底的定位垂钓淡水杂食性的鲫鱼、鲤鱼等，这通常属于钩种使用的不对路。

这与自学者不了解铅头钩的专用性有关，也与凑合着使用以及自学者不知调漂和运用底钓下状态技术等有关。如果钩种选用错了，使用效果会不好，会自生自灭。

划分出钓钩的种类是有其原因的，通常是按针对性、具体的功用和具体的钓法生产和选用的，选用对路则效果突出。

在我国出土的古老钓钩中，有钩坠一体钩（钩柄重量大，钓钩既是钩也是坠），并出土有较大型的钩坠一体钩，这不仅表明早期钓鱼人运用了动态钓法，全方位地运用了各种钓鱼方式，也表明当时的河流中有着大型的掠食性鱼种。这与当时的气候、河流的贯通、水质的良好等有关。如果水质不够良好，淡水中的掠食性鱼种（包括凉水鱼）通常难以存活，相应的钓钩也会消失。

二是，钩种、钩型如同钓竿的长短和漂种、漂型的制作，有各自的定位。初学者大多对不同的钩种、钩型（包括漂型、竿型）见识少。因而初学时不仅需要了解钓钩的基本作用，更需要掌握不同钩型及其大小、钩条粗细、钩柄长短的针对性运用。这一点很重要，通常易被忽视，这如同合理选用对路匹配的钓饵、浮漂、竿线一样重要。有时鱼不咬钩或有动作不中鱼，问题会是钩种、钩型、钩条、用钩大小的不合理。

三是，使用双脑线双钩或串钩，在摘钩时由于鱼的摆动或翻动挣扎，鱼嘴外的钓钩会意外刺中摘钩的手，初学者需要多加小心，需要学会摘钩技巧，首先要稳住鱼，处理好鱼嘴外的钓钩。另外，钓竿弯弓起鱼时，突然弹脱的钓钩也会伤人；在送抛或投抛钩饵时，钓钩也会意外伤到身边的人，切不可大意。

钓饵的主要作用

1. 鱼的饵料作用

钓饵通常是鱼儿可食之饵，当钓饵是鱼感兴趣的爱食之饵时，可促成鱼的快速觅食和吞饵。

2. 引鱼的作用

通过钓饵的动态（包括动姿、动速）、静态、形状、气味、颜色等，引起鱼的注意和食饵。蚯蚓等活饵，通常更易引起野生鱼的注意，更易引起鱼的吞食。

3. 隐藏钓钩的作用

可全隐藏或半隐藏住钓钩。也可不隐藏钓钩，但钓钩与钓饵通常需要相连和近挨。

4. 造成鱼误吸钓钩的作用

鱼在吸饵的同时，会将钓钩一并吸入口中。

5. 配重的作用

在浮力与重力平衡中，饵重也是配重之一。钓饵参与了配重，为浮力与重力平衡时的完整配重。浮力与重力平衡完成后，在浮钓和底钓大灵时，钓饵丢失了，浮漂会出现明显的减重表现。

6. 漂组启动点的作用

这通常需要同钓钩共同成为漂组的启动点。

提示：

1. 钓饵，是能够钓到鱼的重要一环

没有钓饵（包括仿生饵）或鱼不肯吃钓饵，通常就谈不上鱼将钓钩吸入口中。鱼有时也会吸食空钩，这通常是由于误食或是钓钩上染有钓饵的气味。

2. 垂钓淡水杂食性鱼种，钓饵通常要是鱼儿可食之饵

垂钓淡水杂食性鱼种的钓饵可使用原生态钓饵，也可使用人工钓饵，通常需要是鱼儿可食之饵。采用无漂钓组动态钓掠食性鱼种时，会使用仿生饵。

3. 钓鱼的秘诀之一是饵的诱惑及挑逗

定位静态垂钓，通常需要有着窝饵和钓饵的配合诱惑。钓饵与窝饵的区别之一是钓饵隐藏着钓钩，可以用来挑逗。

窝饵，是诱鱼、聚鱼、留鱼和使鱼认饵、放松警惕之饵；钓饵

是诱钓合一之饵，可与窝饵一致，但通常要优于窝饵，二者均需对路性地运用。爆炸钩饵，通常是最为典型的诱钓合一。

4. 钓饵种类繁多

垂钓钓饵有着植物饵、动物饵、原生态饵、人工饵、基础饵、广谱性强的钓饵和针对性强的钓饵等多种类。

当主钓的目标鱼和钓法确定后，用饵通常要尽可能地运用针对性强的钓饵，即投鱼所好，选用目标鱼最偏爱吃、最习惯吃的对路饵，这包括原生态钓饵和人工钓饵。

经饲料喂养过的鱼，对喂养的饲料饵会情有独钟并会偏口，会对饲料的形状、气味、投放声音、下落速度、溶化状态等留有深刻记忆，形成条件反射。但这样的鱼，也会被调口（改口味）。

5. 钓饵的选用，需要具有针对性

钓饵，需要有区别、有选择性地使用。养殖鱼与野生鱼，在选饵方面有着相同之处，也有着差别之处。此外，由于鱼种的不同、鱼体大小的不同和季节、气候、地域、钓场的不同，鱼对钓饵的选择会有所不同，有时会有较大的差别，需要知道或尽快发现差别之处。

6. 钓饵的合理性，是对路

钓饵的好，主要是对路和方便使用。鱼爱吃之饵为对路的钓饵，即钓饵对路为好。不对路的钓饵，鱼会不积极的吃或根本不吃。

钓饵的选用，需要有的放矢、入乡随俗、投鱼所偏爱，需要以鱼的选择为准。钓鱼人的正确选饵，通常是对目标鱼爱食之饵的经验总结。

（1）对路的钓饵，也需合理使用

使用对路的钓饵，也需要掌握其具体的物理性能（味型、大小、形状、软硬、湿黏、长短、松紧、干散、活性等）和具体的使用技法，还需要学会用饵的诱钓策略等。

鱼不咬钩，有时是味型不对路或气味的浓淡不合理；有时也会是湿黏度或干散度及其大小不对鱼的吃口。

钓饵的对路性，也涉及到针对水情、鱼情、钓法、用钩、有利于表现真口信号和提竿中鱼效果等方面的合理性，这需要经验的积累。

①对于粉面饵，有时使用单品饵为好；有时需要多品种的合理搭配，因而会有着相对合理的配方。

②野钓，如果是主钓大鱼，用饵需要造成小鱼知难而退，或难以快速入口，或无腥味（玉米粒等），造成小鱼不感兴趣。

③池钓，因垂钓的是养殖鱼，通常无小杂鱼，所用钓饵通常有着明确的针对性和专用性。池钓专用饵也可用于野钓，但会有着一定的局限性。因而，会有专门用于野钓饵的产品，这如同钓技钓法针对鱼情不同而区别的运用。

④经过工艺加工的商品饵，其广谱性和针对性通常有明确的标明，选用方便，通常需要按照使用说明有针对性的使用。

标明具有针对性的钓饵，也需要实践检验、求证，钓饵如果对路好使，会口口相传。

（2）对路的钓饵，也会有着局限性

会因地域、钓场、季节、气候、水情、鱼情等因素的变化，其使用效果会发生变化，甚至会变为不对路。

需要注意：

一是，野钓时，鱼有时喜吃商品饵，有时喜吃原生态饵，需要有针对性的选用。

二是，新手会自信某次成功的钓饵。某种钓饵这次使用的效果好，下一次不一定好使。这与多方面的前提条件发生了变化有关，也与新手不会应变有关。有时粉面饵需要在味型、状态、大小、黏度等方面进行应变；有时需要改用为原生态饵；有时则需要不同钓饵的变化运用；有时微不足道的变化，效果会是明显不同。

漂坠的主要作用

1. 主配重的作用

漂坠，也称铅坠。在浮力与重力平衡中，铅坠是主配重件，通常是专门用于配重的钓件。水线、钓钩、钓饵、连接环等，通常是兼职的配重。

2. 主坠力体的作用

在下坠力中，铅坠的重力通常最大，是主坠力体。

3. 实现漂组主体垂直的作用

在浮力与重力平衡中，铅坠与浮漂共同完成漂组的主体垂直。

4. 漂组重心的作用

在浮力与重力平衡中，铅坠是主重力体，因而铅坠会是漂组的重心点。铅坠出现动态，通常才能最终导致浮漂出现动态。

5. 段分出脑线的作用

铅坠以下的钓线，通常为脑线。

6. 提竿时便于脑线聚力的作用

提竿发力时，铅坠先受力，然后带动脑线及钩饵受力，这可使得脑线瞬间聚力及打出甩力。

7. 带动脑线及钩饵摆动的作用

铅坠在水中下降到位速度通常快于钩饵，会带动脑线和钩饵到位前的摆动。

8. 便于送抛钩饵的作用

铅坠具有一定的重力量，可便于掷远，用于送抛钩饵。

9. 稳定漂组主体的作用

铅坠是漂组中的主重力体，在水中有着静态稳定漂组主体的作用。

10. 限定浮力与重力失衡的底线作用

浮力与重力的失衡，从力学上限定铅坠是轻落底的状态，因而底钓时是以铅坠的轻落底，作为底线的掌控状态。

提示：

1. 有漂钓组的铅坠，有其特有的作用

有漂钓组的铅坠与无漂钓组的铅坠，在作用上有着相同的作用和不同的作用。作用的不同之一是，有漂钓组的铅坠，在浮力与重力平衡中起着重要的配重作用，即起着实现浮力与重力平衡的主配重作用。

2. 在垂钓钓组中，铅坠通常要位于漂组的偏下端

在垂钓钓组中，铅坠有着段分脑线长短的重要作用，通常要位于漂组的偏下端。但因适宜水情、鱼情和钓法的需要，铅坠的位点也会偏上些。

（1）钓浮主抓截口时，脑线相对长

当需要运用脑线的摆动引鱼、利于鱼的截饵时，脑线通常要偏长些，铅坠的位点则需要有所提高。

（2）钓底主钓钝时，脑线相对短

钓底，当主要是运用下状态偏钝状态时，脑线通常需要偏短些，铅坠位点靠下。

（3）脑线的长短变化，可运用“活坠”

“活坠”可便于其位点的上下变化，即可便于变化脑线的长度。在使用超长钓竿钓底，且是笨钓时，“活坠”也可用于钓目的微调。因铅坠靠下，可便于移动操作。

3. 铅坠，通常要成为漂组的主重力体

当饵重大于铅坠的重力时，饵重会成为主重力体，会是漂组的重心点，其到位下降速度会快于铅坠。钓底时，这通常会是钓大灵（只是钩饵的轻重落底）。

4. 钓鱼所用铅坠，会有克数标识

铅坠分有克数标识、无克数标识（主要是铅皮）的铅坠，并有着咬铅、裹铅、通心铅之分。有克数标识的铅坠，在选用时会便于同浮漂排水克数的匹配，减少实现合理配重量度的反复修剪。

5. 铅，通常适用钓鱼用坠

钓鱼配重用坠，通常是铅坠。这是因为铅在金属中的密度大，体积小时质量大，且可塑性好。铅是有毒金属，需要妥善使用。

浮漂在垂钓中的主要作用

1. 负载的作用

浮漂在其排水克数范围内，在水中可负载相应的重力量。实际垂钓时运用的是浮漂的下负载。即，将漂组相关的钓件挂在浮漂下端，形成垂直的漂组进行垂钓。

2. 表达的作用

（1）可表达浮力与重力平衡与不平衡

①调平水和调出水，表达着浮力与重力的平衡。

②调负水，表达着浮力与重力的不平衡，即重力大于浮力，浮漂会沉入水中。

（2）可表达浮漂实际排水量

在调钓中，会有着浮漂出水量多少的不同。即，会有调目、钓目的数目多少不同，这表达着浮漂实际排水量的多少。

（3）可表达浮力与重力失衡及失稳定

漂组在水中实现了静态的浮力与重力平衡后，浮漂出现了动态，表达的是浮力与重力失衡、失稳定。

（4）也可以表达动平衡的失衡

这主要是鱼截饵时造成的动平衡的失衡。在垂钓中，动平衡的失衡和静平衡的失衡，通常均表达的是鱼的咬钩，也会是鱼触动了水线。

3. 显示的作用

在调漂和施钓中，通过浮漂及目数的稳定和变化：

①可显示调漂时的配重量度；

②可单独显示钓饵、钓钩的重力量度；

③可显示浮漂是否到达位点；

④可显示鱼的咬钩，及鱼咬钩的轻重或真假口；

⑤可显示浮钓与底钓；

⑥可显示底钓下状态的灵钝；

⑦可显示钓点的水底平整情况；

⑧可显示水位的变化情况；

⑨可显示暗流、回流；

⑩可显示水中是否有障碍物（主要是水中暗草）。

4.观察判断的作用

在垂钓中，可判断以下主要内容：

（1）通过浮漂到位运行中的异常，判断鱼的截饵，并可判断目标鱼大体所在水层；

（2）通过浮漂静态稳定后出现了动态，判断鱼的咬钩；

（3）通过漂信、漂相、动频，并结合中鱼率，判断。

①漂信、漂相的合理性；

②钓点鱼的密度，鱼种、鱼的大小、鱼种和大小鱼的混杂、鱼的吃口、活跃、狡猾和入窝等情况；

③钓位、钓点的合理性；

④浮漂到位速度的合理性；

⑤用钩、用饵、用漂、脑线等线组选用的合理性；

⑥调目、钓目设定的合理性；

⑦钓法选择及运用的合理性；

⑧操作节奏和把握提竿时机的合理性；

⑨鱼情发生变化和鱼吃口发生变化情况；

⑩用饵策略等技战术运用的合理性。

5. 运行水阻和上回位的作用

浮漂是浮体，其入水和在水中下行时，会有着水浮力的阻力和水中运行的阻力。垂钓时，需要合理运用浮漂水面体积的入水阻力、整体下行阻力和上回位能力的大小。掌控漂信，通常需要了解浮漂的排水量及其下行阻力和上回位能力的力学知识。

（1）运用浮漂运行水阻的作用，可用于掌控浮漂的到位速度；

（2）运用浮漂运行水阻的作用，可促使生口鱼的加力吸饵；

（3）运用浮漂运行水阻的作用，会使含钩的鱼先是轻中钩；

（4）合理地运用浮漂的运行水阻，可利于掌控真口信号。有时，浮漂偏钝会有利于出现稳定的真口信号。

底钓大灵或浮钓时，浮漂上回位力，可促使含钩的生口鱼加力的吸饵，出现有力的下顿信号。猾鱼会快速的吐钩，这需要针对目标鱼的吃口情况和有利于真口信号的出现等，对用漂和调钓的灵钝进行相对合理性的运用。

6. 实现浮钓和底钓的作用

对浮漂进行浮力与重力的平衡配重后：

（1）可实现浮钓，并可实现浮钓水层的不同；

（2）可合理实现底钓，并可实现底钓下状态的灵钝不同；

（3）可只通过对水线的延长或缩短，实现浮钓与底钓二者钓法间的转换。

7. 掌控漂信的作用

掌控漂信的合理性，与浮漂的选用有着密切的前提基础关系。要想达到漂信的相对合理，首先需要浮漂选用的相对合理，即需要浮漂这个前提基础的相对合理。

8. 利于提高中鱼效率的作用

运用浮漂进行垂钓：

（1）在钓法上可实现钓浮、钓底、钓行程，以及可以变化底钓下状态和浮钓水层的高低；

（2）结合运用浮力与重力平衡及失衡原理，能够相对及早地发现鱼的初始咬钩和及时的提竿中鱼；

（3）通过漂信，可判断鱼的吃口等情况，从而可有针对性地采取合理的应对措施。

因而，最终可利于提高中鱼效率。特别是运用手竿钓组，垂钓密度较高的生口小型鱼和吃口轻弱的大鱼时，有着明显的优势。

此外，运用手竿钓组在有草隙的水情中垂钓和灵活变化静态远点所钓水层等方面，通常是无漂钓组不能替代的。

运用浮漂垂钓，讲究相应技术的合理运用，这样，才能体现出浮漂在垂钓中的重要作用。但是，过去由于自然水域中鱼的密度大，有水通常就有较多的鲫鱼，初学者运用铅坠重落底的笨钓法，通常也可取得较好的效果，并可钓到大鱼。

当手竿运用笨钓时，浮漂用于实现浮钓和实现底钓下状态不同的作用等会丧失，浮漂在垂钓中的作用通常也只是单一的观察作用了，通常只是比无漂钓组的钓底，较早的观察到了鱼的咬钩，钓到的鱼通常会是咬死口的鱼，技术含量低。

第五讲　垂钓用漂基本知识

浮　漂

浮漂，是对某些专用漂浮物的一种统称。如水箱中的浮球和鱼网上的浮球等，称为浮漂。钓鱼人所说的浮漂，是指专门用于垂钓的浮漂，因而也称之为鱼漂、鱼浮。

浮漂叫法，是统称叫法，也是传统叫法，使用范围相对广泛，历史悠久，通常简称为“漂”或“浮”。

1. 垂钓所用浮漂具有诸多具体叫法

（1）在造型、结构、垂钓使用上，有具体叫法

如球漂、立漂、串漂（也称散漂、蜈蚣漂、星漂）、海钓漂、淡水漂、浮钓漂、底钓漂、冬钓漂、溪钓漂等，这通常也用于区分漂种、漂型。

（2）在材质上，有具体叫法

如巴尔杉木漂（轻木材质）、孔雀翎漂（动、禽材质）、芦苇漂（植

物材质）、塑料漂（化工材质）、发泡塑胶漂等，这通常也是立漂漂身的材质区分。

（3）在生产厂家方面，有品牌名称

商业化批量生产的垂钓用漂，通常还有着具体的品牌名，这包括老品牌和新品牌。

2. 垂钓所用浮漂多种多样，形态各异

（1）在造型上

主要有圆形、椭圆形、直棍形等。

（2）在结构上

主要有两段式结构、三段式结构、松散式结构（串漂）等。

①三段式结构的立漂，是由漂身、漂尾、漂脚三部分所构成；两段式结构的立漂，是由漂身、漂脚两部分所构成。

三段式立漂，通常用于近钓；两段式的立漂，通常用于较远钓。三段式立漂的漂尾，也称漂苗子、漂尖子。

立漂，通常为插脚式安装方式。漂身，有材质、长短、粗细和造型的不同；漂尾、漂脚也有材质和长短、粗细、轻重上的不同。

立漂，通常用于垂钓淡水鱼种，通常制作精美，有些立漂上画有各种艺术氛围的彩绘图案或人物，既可实用，又可作为艺术品收藏。

②松散式结构的串漂，也称组漂，是由多个椭圆形或细长形小浮漂串成，为通心式安装。

串漂中的每个小浮漂，称浮子。浮子较小时，通常称为星。专门用于垂钓小鲫鱼的星漂通常由七个小浮子（羽梗等材质）组成，称七星漂。

串漂的制作简单，浮子数量及浮子大小可因地制宜，通常是由钓者针对鱼情、水情自行制作。

串漂，通常是用于垂钓冰洞、垂钓草隙，也用于在较浅水中垂钓，还会以较大的浮子用于风浪中钓浮。垂钓冰洞、垂钓草隙，立漂通常易受损伤或被折断，因而通常会使用串漂。当水位太浅，不适宜立漂时，通常也会使用串漂。手头没有立漂时，也会临时自制串漂垂钓。

3. 垂钓所用浮漂的常规配置通常为单个

垂钓通常是使用单个浮漂，可是单个立漂，也可是单个球型漂。

（1）手竿钓组，通常是配置单个立漂

当近钓小型鱼时，通常是使用单个三段式结构的立漂；当钓远点且鱼体相对大时，通常使用单个两段式的立漂。

在风浪较大和缓流中钓浮，也会使用拉开一定距离的两个浮漂，这可增加观察点，掌控延时提竿时机。

（2）轮竿钓组钓远，通常配置单个球形漂

球漂的使用，通常是钓远点，也通常是主钓大鱼，还会是主钓浮的运用。球漂，也称丸漂，即圆形或陏圆形浮漂，多采用穿心式的安装方式。通常为鲜艳的单色或两色，主要用于浮钓海边的掠食性鱼种，通常需要与轮竿相配套。在海洋中远钓大鱼时，钓鱼人也会使用小气球当作浮漂。

球漂，也可用于垂钓淡水鱼。在淡水中有着专门用于远点浮钓鲢鳙鱼的浮漂（接近球形的浮漂），其体积相对大，这也与其所需承挂的饵笼、粉饵量有关。

4. 垂钓用漂，通常有目和排水克数或号数标识

（1）浮漂通常标识有目，并要求醒目

①两色的圆形漂，通常为两目漂。

②立漂的目数相对较多，目间距也相对窄，为多目漂。这与鱼情、水情和调钓量、动态量的使用要求有关，也与主钓目标鱼种的吃口力和通常是用于近钓等有关。

（2）漂目，有着涂色不同

在晴天和阴天，由于漂目的涂色不同，视觉效果会不同，因而也分阴天漂和晴天漂（有漂尾的立漂，也称阴尾漂、晴尾漂）。另外，还有夜光漂等。

（3）浮漂，通常标识有排水克数或号数

商业化批量生产的垂钓用漂，除了标识有目外，通常还会标识有浮漂的排水克数，以阿拉伯数字标明。也有以阿拉伯数字标明的是浮漂的号数大小，即以浮漂号数的大小标明一组浮漂（通常为3只）体积大小的排序。

5. 垂钓用漂的主要功用

垂钓用漂，包括应对各种鱼情、水情（海水、淡水）的不同类型的浮漂，在垂钓中的核心使用价值是运用浮力与重力平衡及失衡原理，并有六点重要作用：

（1）实现浮钓，并可实现浮钓水层的不同；

（2）实现底钓，并可实现底钓下状态的灵钝不同；

（3）实现浮钓与底钓二者间的相互转换；

（4）实现精确的找底；

（5）显示和观察、判断；

（6）及时合理地表现鱼的咬钩。

这六点，需要进行合理地选用浮漂、调漂、水线长短变化及用钩、用饵、脑线的合理运用等。

提示：

1. 浮漂上的标识，是便于准确选用的需要

浮漂排水克数或漂号数大小的标识，可便于有量度地选用浮漂。主要是可便于针对目标鱼体的大小和吃口力大小的判断，有量度地、匹配性地选择浮漂在水中的最大稳定能力。

浮漂的大小，通常是浮漂体积间的比较，而浮漂的排水克数，则是统一的数据标识，可更有利于准确选择浮漂在水中的最大稳定能力。

浮漂的排水克数，是说对浮漂调平水时，浮漂的重力克数（包括浮漂自重），这也是浮漂的最大负载能力。

钓鱼人对于浮漂、钓竿、钓线、钓钩等，通常能够直观上区分开长短、大小等，但当需要追求精准度时，则需要以数据说明，数据会科学准确。

2. 浮漂是垂钓钓组中的重要钓件

使用浮漂垂钓，是垂钓的重要特征，也是垂钓钓组中一件不可或缺的重要部件，可用于手竿钓组和轮竿钓组。

使用浮漂垂钓，重要的益处是：可运用浮力与重力平衡及失衡原理，掌控浮漂在水中静与动的相对合理性，及时、合理地掌控漂信；可实现浮钓、底钓，也可用于钓行程；还可具体实现浮钓水层不同、实现底钓下状态的灵钝不同，且可用于垂钓时的观察判断等，有着诸多好处。

3. 我国是最早使用浮漂垂钓的国家

我国早期的文字记载和早期的国画、瓷器绘画作品中，描绘垂钓者的画面展示，我国是最早使用浮漂垂钓的国家，并展示到早期的钓鱼人使用的是单个立漂，钓线是齐竿线，也有配置鱼线轮进行垂钓的画面。

漂　目

漂目，是浮漂上标识的横格，三段式立漂是标识在漂尾上，有着数目多少之分。目是早期的一种基本核算单位，即一格或一孔为1目的基本核算单位。如印刷网、砂布、围棋、鱼网等现今民间仍保留着以目为基本核算单位的习惯。

1. 漂目的基本作用

目在浮漂上的基本作用，是量化的作用。对于目的量化作用，通常需要将浮漂理解为是在水中的立式杆秤，目是秤的刻度标示量。

（1）区分和显示静动量度的作用

可便于区分显示和观察判断浮漂在水中的静态稳定力量度和动态量度。

（2）掌控调钓量的作用

可便于钓者针对目标鱼的吃口情况，有量度的运用调、钓目数。

2. 漂目的主要特点

（1）目有数量之分

目，在浮漂上有着目数的多少之，通常标识在漂身上，有漂尾的浮漂则标识在漂尾上，自上而下数目。

①两段式的立漂，由于没有漂尾，目标识在上半身上；

②三段式立漂的目，完全标识在漂尾上。

（2）目有色彩之分

为醒目，目与目之间有着鲜亮色区分，且色数不宜过多。

①立漂，目通常是两色间隔。通常最多是以三种不同醒目颜色区分，常用的颜色是红、黄、绿等色种。黑色，通常用于目与目间的区分线。

立漂也会以不同颜色标示出节点目，1—3 目或 1—4 目通常为一节，第 3 目或第 4 目为节点目。第一节，通常表明为常规的调钓范围，具体是当目标鱼的吃口力同浮漂排水克数相匹配时的调钓范围量。当目标鱼的吃口力较多小于浮漂的排水克数时（浮漂用大了时），通常会在第二节选择调目，或改用排水克数小一号的浮漂。

浮漂有时是专门用大了，并是在第二节选择调目、钓目。目的是运用浮漂较大的运行阻力掌控真口，大多是浮钓时的选择。底钓，如果空钩调目在第二节选择，钓目是在第一节选择，通常是为了钓灵，且是满足钓饵相对较重的运用。

②球形浮漂，通常为单色或两色。球形漂，只是单色时，为 1 目漂，可一目了然，通常主要用于浮钓和钓吃死口的掠食性鱼种。

③星漂（串漂类），每一粒浮子为 1 目。浮子可清一色，也可两色或多色搭配。

（3）目有宽窄之分

目，在浮漂上分有宽目、窄目。近钓小型鱼，且捕捉小信号时，通常适用窄目。

①目的多少或宽窄，通常与所针对的目标鱼种、鱼体大小和鱼

吃口的强弱相匹配，也与浮漂的大小和浮漂的造型相匹配，还与钓法、钓点远近等相匹配。

②三段式立漂有漂尾长短、粗细、轻重之分，目也相应有多少和宽窄之分，也会有目间距的不同设定。

漂尾短、粗、轻，目数通常少、单目相对宽；漂尾长、细、相对重，目数通常多、单目相对窄。二者，通常是有区别的运用于目标鱼吃口轻重和狡猾程度的不同。

（4）漂目，有标识量之分

单目标识量，通常以目的宽窄进行区分。

①单目宽，单目标识量大；

②单目窄，单目标识量小；

③每一目的标识量，通常是等份。

浮漂上的每一目标识量，通常要求是相等的、等份的。但也会有特殊。在受力相同的情况下，细窄目的动态量相对大，细窄目的 2 目动态量，可能会等于粗宽目的 1 目动态量。

垂钓时，浮漂动态量大，可能是真口，也可能不是真口，需要相对合理地选择浮漂的灵钝，需要有利于表现真口漂信的匹配性。

（5）漂目，是具有针对性地标识

漂目，不是随便盲目标识的，是具有针对性设计和标识的。

①三段式立漂，其漂身、漂脚、漂尾、漂目通常是配套设计的，主要是针对淡水鱼，且是针对吃口文静、吃口滑和吃口强弱变化相对大的不同鱼情设定的。

手竿近钓鲫鱼等鱼种，漂目要能够相对精细表现浮漂在水中的稳定力及其合理状态，细致地对接和显示、判断目标鱼的吃口力。

②两段式的立漂，漂目的设定和标识，通常是针对钓远、钓大设计的。目少、单目宽，在小风小浪中垂钓，可相对有利于观察。体积相对小且相对细的两段式立漂，通常是用于近钓鱼体相对小的鲤鱼或大鲫鱼，目数也会是相对配套的标识。

③球形漂的目标识，通常是针对掠食性鱼种设计的。掠食性鱼种天性凶猛，生存食源也造就了其快速追食活物的习性，吃口通常狠、快、死，对于猎物通常只是扫视后即追击活吞，咬钩时浮漂的动态量大。因而，浮漂的设计会是球形。

目少、目宽，通常用于海钓，但有着大小（排水克数级别）不同的运用。掠食性鱼种，有时也会吃口较轻，通常需要钓者心中有小目，并通过球形漂体积的大小和轻重进行应对。

总之，目的设计和标识，同鱼情、水情、钓法、浮漂性能等有着明确的匹配性，不是随意设计和标识的。

提示：

1. 浮漂上标识了漂目，才会有量度的运用

浮漂上有目，才会有面目，才会有利于调钓量度和浮漂动态量度的区分及掌控，也有利于掌控浮钓与底钓的转换，还可利于掌握底钓下状态的变化量度。

对于自制的无目浮漂，钓者要有心目，即心中要有运用量度。

2. 秤，有着最大能力值的大小区分

当“秤”（浮漂）的最大值不同，而刻度（目数）相同时，大小秤每一目的标示量是不同的。高手调几钓几，如果你学着调几钓几，需要浮漂的大小相一致，否则会有或大或小的偏差，浮漂大小的差别越大，偏差越大。

3. 单目标识量，与漂尾的粗细有关

单目标识量与漂尾的粗细、轻重、空芯度、中通度等有关。漂尾粗和漂尾细的每一目，标识量通常是不同的。

4. 垂钓用漂，也需要选择目的合理性

垂钓用漂，既要相对合理地选择浮漂、相对合理地选择漂尾，又需要相对合理的选择目的合理性。对于目的宽窄选用，要有目的，要具有针对性。需要能够把握住单目标识量，包括了解单目的负载能力、显示效果等同目标鱼吃口力的匹配性。

垂钓用漂的灵钝区分

垂钓所用浮漂的灵钝，主要是浮漂在水中受力后，动态反应速度快慢的灵敏性，以及动态显现度的灵敏性，灵与钝是相对的区分，实质上是浮漂力学性能上的区分。

灵，主要是浮漂受到小力后反应速度的灵敏性相对快，动态易显现；钝，是浮漂受到小力后反应速度的灵敏性相对慢，动态显现的相对弱。

1. 以浮漂受力表现区分

（1）以浮漂在水中受力后，反应速度的快慢区分；

（2）以浮漂在水中受力后，动态量区分；

（3）以浮漂在水中连续向下受力（小力）后，回位速率区分。

这三者共同反映着浮漂的灵钝，第一条是区分浮漂灵钝的重点。通常是动态反应速度快的、弹性好的，为灵敏，反之则稳重、相对迟钝。垂钓时，使用反应过于灵敏的浮漂，浮漂会灵的发“贼”、上蹿下跳。

需要注意：

一是，灵漂，对轻弱鱼口的反应相对灵敏，相对易显现；钝漂的动态反应则会很是轻弱，会是慢且微弱，也会是无动态反应。

灵漂，主要是针对吃口轻弱鱼情的运用。当鱼的活性差、吃口轻弱时，通常需要使用灵敏性高的灵漂。特别是冬季垂钓，水体寒凉，鱼吃口轻弱时，需要用灵漂。

二是，浮漂在选用时，需要按照鱼情有针对性地选择浮漂的灵钝，在使用时也需要有针对性地进行调、钓量的选择。

当对浮漂的调、钓量不同时，浮漂在水中的稳定力和稳定状态会不同，浮漂受到相同力时其灵钝表现会不同。

三是，浮漂间受力反应的灵钝区分，通常需要受力大小、受力方向和浮漂在水中的状态相同，并需要以小力进行区分。即，需要模仿目标鱼小力的吃口进行区分，以便结合动速、动幅、回弹速率这三项进行对比区分。

2. 以浮漂力学数据区分

浮漂的灵钝，实质上是力学性能的灵钝，需要相关数据指标准确表达，这通常是由制漂者掌握，钓竿、钓线的材料力学性能指标，也是由制造者掌握。浮漂上标识的排水克数，通常是浮漂主体灵钝级别的量化数据。

对于浮漂的灵钝，通常不需要多方面十分精准的量化数据，钓鱼人主要是通过浮漂力学性能因素，结合浮漂在水中受力后的力学性能显示，大体区分浮漂的灵钝。

垂钓用漂的力学性能因素

1. 垂钓用漂力学性能的主要因素

浮漂的材质、体积、自重、空芯度、造型、重心等均是浮漂力学性能因素。浮漂的灵钝制作，主要是运用着这些因素的灵钝搭配。

通常是：

（1）体积大，钝；体积小，灵。

（2）自重重，钝；自重轻，灵。

（3）浮漂体积相同时：

①材质重，钝；材质轻，灵。

②横截面大，钝；横截面小，灵。

③短粗，钝；细长，灵。

④球形，钝；直形，灵。

2. 垂钓所用浮漂各性能因素的主要作用

（1）体积的主要作用

浮漂体积的主要作用是，浮漂主体灵钝级别的作用。选用时，主体灵钝级别要同目标鱼吸饵力（启动力）相匹配。

为达到同目标鱼常规吸饵力的相匹配，针对目标鱼的常规吃口力，浮漂通常需要 3 个级别（排水克数或体积号数排序）的浮漂，同常规大小目标鱼吃口力的强、中、弱相配套。调漂时，还会通过调目量的合理性作进一步的校正对接。

（2）自重的主要作用

浮漂自重的主要作用是，解决浮漂本身在水中稳定度的灵钝。

浮漂的自重，也影响着浮漂入水、启动、在水中运行和下行后的上回位能力，通常是通过制作材料的密度进行自重方面的灵钝掌握，材质的选择通常是有针对性的选择。

（3）空芯度的主要作用

浮漂空芯度的主要作用是，增大负载能力和上回位能力。同时也运用其入水和在水中运行的钝，通常可有利于屏蔽杂乱的信号。

（4）造型的主要作用

浮漂造型的主要作用是，辅助变化浮漂入水和在水中运行时的灵钝作用。浮漂体积、材质等相同，可通过长短、粗细辅助变化浮漂入水和在水中运行的灵钝。

（5）重心的主要作用

浮漂重心的主要作用是，保证浮漂上下良好直线运行。对于立漂，也有着入水时平稳翻身或变化翻身快慢的作用。

灵漂和钝漂的主要特点

1. 灵漂的主要特点

（1）体积相对小、自重相对轻、横截面相对小、空芯度相对合理；

（2）通常是受力反应速度相对灵敏、相对易启动、动态显示相对明显、下行阻力合理、上回位灵敏。

这通常利于应对轻、弱、小口信号，但如果过灵也易出现杂乱信号。遇到小杂鱼闹漂时，会被迫“乱中选真”。

2. 钝漂的主要特点

（1）体积大，横截面大、空芯度大以及自重相对重；

（2）通常是受力反应时相对迟钝、下行阻力过大；

（3）受到略大于稳定力时，动速和动态量不十分明显。

即相对不易启动和不易显现动态，抗外力能力相对强，通常可利于不显示杂乱的虚假信号，但过钝时不显现小动作信号。钝漂，最主要的特征是短、粗、胖、大、重，呆头呆脑。

浮漂本身在水中受力反应的灵敏性，与浮漂本身在水中稳定力的大小有关，主要是与浮漂的排水量大小有关，具体是与浮漂本身的体积、自重、空芯度等有关。体积大（包括身长）、自重大、空芯度大，浮漂在水中的稳定性强。空芯度大的浮漂，在水中下行的阻力也大，但上回位能力会相对的强。

提示：

1. 垂钓所用浮漂，有灵与钝的矛盾性运用

钝漂有钝漂的益处，灵漂有灵漂的益处，浮漂不是越灵越好，也不是越钝越好。通常需要灵中有钝、钝中有灵的合理配比，最终形成浮漂总体上偏灵或总体上偏钝的性能，需要对症选用。

2. 性能因素搭配不同，浮漂的灵钝性能会有所不同

浮漂体积的大小、自重的轻重和造型、空芯度的不同等，每一项因素的变化均会影响浮漂的灵钝度。

（1）体积的大小，可变化主体灵钝级别

可通过浮漂体积大小的不同，变化主体性能的灵钝级别。通常会以浮漂排水克数或体积大小的号数标识，区分开浮漂的主体灵钝级别。

①浮漂排水克数，是数据。利于在浮漂上标明，也利于同目标鱼吃口力相对应的选择，还利于配重数据的掌控，并可单个识别。

②浮漂大小号数，通常是一组浮漂（通常三只为一组）体积间的大小排序号。各生产厂家对于浮漂体积的大小和所对应号数的区分不统一，因而在选择和配重时相对易出现误差，通常全凭个人经验把握。

③用于垂钓冰洞小鲫鱼的七星漂，单个浮子小，为灵。在钝的方面，主要是以浮子数量解决，浮子数量多，总体积大，钝。因而在调钓时，针对稳定力的灵钝需要，会选择浮子入水数量的多少。

（2）自重的不同，可变化稳定性的灵钝

可通过浮漂自重的不同，变化浮漂稳定性的灵钝不同。垂钓所用浮漂无论体积大小，通常均是以“下行相对钝、上回位相对灵”为主，即以自重轻为主。自重过重、上回位弹性能力太弱的浮漂，通常不适宜垂钓使用。由于浮漂材质选用的不同，浮漂的自重会有所不同，其灵钝也会有所不同。

（3）空芯度不同，可变化上下行的灵钝

可通过浮漂空芯度的不同，改善浮漂的灵钝。浮漂体积相同时，由于空芯度不同，稳定性、入水阻力和上回位力的灵敏性会不同。现今的新产品——中通漂，是减弱了浮漂的空芯度。仅是漂尾中通，是去掉了漂尾的空芯度。

（4）造型不同，可改善运行的灵钝

可通过浮漂造型的不同，完善浮漂运行的灵钝。浮漂体积相同时，由于造型不同，会增强或减弱浮漂运行的灵钝。

①当球形浮漂与立漂的体积相同时，立漂通过相对细长身、流线型，可减弱入水和在水中运行的阻力；

②当立漂的空芯尾较细时，也可减弱其入水和在水中运行时的

钝；

③立漂的漂身，也有球形或接近球形的，在造型方面为钝，但通常需要在体积小、自重轻的因素方面增强灵敏性。因而球形漂，通常主要是从直径和自重、空芯度上区分灵钝。

3. 垂钓用漂的灵与钝，是相对的区分

垂钓用漂的灵钝，除了是力学上的相对区分外，还有着针对目标鱼的相对区分。用于垂钓大鱼的灵漂，在垂钓小型鱼时，会成为钝漂，冬季使用时会更加的钝。

4. 垂钓用漂的灵钝级，有着常规运用范围值

针对不同鱼种、鱼体大小，浮漂有着常规排水克数范围值的对应值。

（1）针对常规大小的鲤鱼

垂钓常规鱼体大小的鲤鱼浮漂，排水克数通常是 4—6 克；

（2）针对常规大小的鲫鱼

垂钓常规鱼体大小的鲫鱼浮漂，排水克数通常是 2—4 克。

因而，浮漂上不会标识有 0 克。针对吃口力更强的鱼种，浮漂排水克数会更大，对应段通常也是三个级别。

5. 浮漂的灵钝，与漂信灵钝不一定完全相对应

浮漂的灵钝，与漂信的灵钝通常有着对应关系。即浮漂灵，漂信灵。但因掌控漂信需要，浮漂的性能与鱼的吃口会有“灵对钝、钝对灵”的运用，并有调目、钓目灵钝的不同运用。因而，在垂钓时浮漂性能的灵钝与漂信的灵钝，会存在不完全对应的情况，这通常是有意的运用。

6. 三段式立漂，漂身是浮漂灵钝的主体

三段式立漂是由漂身、漂尾、漂脚三部分构成，漂身是灵钝的主体，漂尾是灵钝的补充和辅助，不能喧宾夺主。因而，三段式立漂通常特别注重漂身材质、体积、空芯度、自重和造型。但漂尾、漂脚灵钝也十分重要。

三段式立漂的漂尾，会使用细硬尾（沉体材料），这会利于其入水，并利于显示小信号，但也增加了浮漂的自重，这通常需要以漂身轻和空芯度加以弥补，也通常需要增重漂脚，平衡重心。

7. 立漂漂尾的主要作用

（1）调钓范围的作用；

（2）立式秤杆的作用；

（3）标识和显示的作用；

（4）观察的作用；

（5）辅助掌控漂信的作用。

8. 垂钓用漂，有着主体性能的灵钝

制成后的立漂，有着主体性能的相对灵或相对钝，也会有着局部（漂尾）性能偏灵、偏钝的区别和运用。

垂钓用漂，首先需要选择浮漂在水中稳定力的灵钝，即选择所需启动力的灵钝，之后是选择浮漂运行时的灵钝。

垂钓用漂，通常是针对鱼情、水情、钓法、钓点远近等不同，对浮漂的体积、自重、造型、空芯度等进行有针对性的设计。在稳定力、启动、运行方面，尽可能地满足钓法、漂信的表现效果和观察等需要。

外行者自制的浮漂，在浮漂的灵钝度方面会不同鱼情、水情和钓法的需要相匹配。此外，浮漂材质和制作工艺的优劣，会影响浮漂性能的稳定性。

9. 区分浮漂灵钝，需要把握浮漂受力后的反应速度

垂钓用漂灵敏的概念，主要是受力后反应速度快的灵敏概念，通常是易于表现小幅“点动”信号，而浮漂受力后的运行距离，通常是其次概念。

这是因为，垂钓时对于浮漂信号的基本要求是：鱼咬钩时，浮漂要能够及时的出现动态信号，这包括预警信号；其次，才是对浮漂动向、动幅的要求。

自重相对重的浮漂，一旦启动后运行惯性相对大，但相对不易被小力启动，上回位能力相对差，不易良好地表现小幅预警信号和“点动”信号。

垂钓轻口的淡水杂食性鱼种，且是掌控真口信号时，常规鱼情通常不需要浮漂过大的动幅信号。通过合理的选用浮漂和相对合理的调漂，通常可以掌控住鱼咬钩时浮漂的动态量，当主抓死口信号时，通常才会需要浮漂具有较大幅度的动态量。

浮漂受力后的动态量大小，与浮漂本身的力学性能有关，也与受力大小有关，还与浮漂在水中的稳定力和稳定状态有关。通常是要在状态相同的情况下进行比较，这是因为浮漂出水体积量多少不同时，全部入水时会附有水面体积入水阻力大小的不同。

垂钓，不仅需要通过浮漂的动态，观察到鱼的咬钩，更需要相对合理的选用浮漂和掌控漂信。

垂钓时，漂信的掌控，通常是努力做到“及时、合理、真实、稳定”八个字。及时，例首位。钓鱼人是不怕浮漂信号多、杂，就怕浮漂

不出现信号。有时，浮漂不出现信号，会是浮漂的选用、调校或用钩、用饵等存在问题。鱼口轻弱，如果浮漂过钝，会难以出现鱼咬钩的信号，特别是难以出现预警信号。

垂钓用漂的主要特点

1. 有着自重轻的特点

浮漂的性质是漂浮物体，制成后可浮在水面。对于垂钓专用的浮漂，要求浮漂本身在水中要有足够的水面以上体积，浮漂的自重通常比其他行业所用浮漂要求更轻。

（1）浮漂的轻，主要与制作材料的密度有关

浮漂本身在水中出水体积的多少，与浮漂的自重、体积和浮漂空芯度的设计等有关，主要是与浮漂制作材料的密度有关。

为此，垂钓用漂通常是选择质轻的材料制作。主要有动物材料、植物材料、人造材料（塑料、发泡塑料）、天然与人造混合材料等，均要求质轻。

（2）浮漂的材料密度，影响漂信效果

浮漂材料的密度与浮漂信号表现，有因果关系。这是因为，浮漂制作材料的密度影响着浮漂的自重，影响着浮漂的使用效果，是造成浮漂信号表现差异的重要原因之一。

（3）垂钓用漂，有轻重不同的运用

垂钓用漂，在轻的前提下，也有轻重区别，通常是针对鱼情、水情、具体钓法以及漂信的表现需要等，有所区别的制作和选择运用。

①针对鱼开口小、吃口轻，浮漂的自重通常相对轻些，通常也需要体积相对小，横截面相对小；反之，相反。

②垂钓海水鱼种所用的浮漂通常比垂钓淡水鱼种所用浮漂的自重相对重、相对耐用，这与所垂钓的掠食性鱼种的吃口力大有关。

③用于轮竿钓组的浮漂，在远钓时通常体积相对大，自重也相对重，这主要是用于垂钓大鱼，也利于掷远。

④自重过重的浮漂，通常不适宜垂钓使用。

能够浮于水面的硬杂木和浮石，也可以制作成浮漂，但由于自重相对重、负载能力小、上回位能力相对差等原因，通常不适宜垂钓使用。

自重过重的浮漂，调漂配重时下配重会相对少，不仅会影响到漂组整体上下刚性绷直的力度，也会影响到漂组启动时的灵钝，信号表现会滞后，会不利于表现出鱼的轻口，也会不利于表现出有力度的下顿信号。

（5）垂钓用漂的轻重有对应性和适宜性要求

垂钓用漂，需要针对鱼情主要是针对鱼种、鱼体、鱼的吃口强弱、水情、钓法等，对制作材料的密度有所选择，从而达到浮漂轻重的不同，以便有针对性的选用。针对吃口多样和吃口多变的杂食性鱼种，特别是针对猾口鱼的吃口，通常需要制作材料的轻重更具有针对性。

2. 有性能差异的特点

由于应对天情、水情、鱼情等前提条件的需要，以及满足钓法、钓点远近、相对合理表现信号的需要，针对前提条件和垂钓效果要求，制成后的成品浮漂会有着性能上的差异。

（1）具有性能差异的大小之分

主要是有浮漂本身在水中稳定度、动态灵敏性、动态显示度和上回位能力等方面的差异大小。

垂钓用漂，有着排水量大小、体积大小、长短、粗细、自重、造型、结构、空芯度、重心、材料等方面的区别，实质上是性能方面的区别。

三段式立漂，还有漂身、漂尾、漂脚等方面的性能差异，也包括长短、粗细、材质、形状、空芯度或相对实芯等方面的性能差异。

（2）浮漂性能上的差异，是适宜性所决定的

浮漂性能上的差异，是为应对不同前提条件和为达到垂钓效果要求而促成的，是适宜性所决定的。

（3）垂钓用漂存在性能方面的差异，是必须的

垂钓用漂的性能差异，是对应效果的要求。否则，会难以达到理想的使用效果。垂钓用漂在制作时是针对天情、水情、鱼情、钓法等设计了浮漂的整体性能、局部性能和个性性能，以保证其使用效果上的针对性与适合垂钓目标鱼种、钓法方面的合理性。

3. 有着分类专用的特点

（1）在水域专用方面

主要分海钓用漂、淡水钓用漂。在淡水钓中，还分溪流钓用漂、湖库钓用漂、池钓用漂等，还有冬钓漂等。

（2）在钓组专用方面

主要分轮竿钓组用漂、手竿钓组用漂。

（3）在钓法专用方面

主要分浮钓漂、底钓漂。

（4）在钓点专用方面

主要分深水漂、浅水漂、远钓漂、近钓漂。

（5）在针对鱼种专用方面

主要分垂钓掠食鱼种用漂、垂钓杂食鱼种用漂。在垂钓杂食鱼种中分鲤鱼漂、鲫鱼漂等，以及针对目标鱼的大小和实际吃口力方面的专用之分。

垂钓用漂的分类专用，是实践总结的结果，是使用要求上的区分，也是垂钓用漂的一种分类方式，可便于相对合理地选用浮漂。这种分类专用，通常是框架方面的选用，还有着更加具体针对性的区分及选用。

此外，由于有着单鱼种和混合鱼种的垂钓，所用浮漂也相应有着专用上的区分。即有着大小兼顾和主攻单一鱼种、单一鱼体用漂的区分。

浮漂的使用在通常的情况下是按照目标鱼种和鱼体选用，也具体按照目标鱼的吃口力选择，野钓通常是在鱼种混杂中主攻大鱼，但也可主攻小鱼，这由钓者选定目标鱼和所用浮漂。

4. 有着调控使用的特点

垂钓用漂，一是需要有针对性的选用，二是使用时需要有针对性的进行调控。

有针对性地调控，就是使用时需要针对天情、水情、鱼情、钓法等进行调漂，并分有使用前的调漂和使用中的调漂（钓目应变调漂）。

（1）正确垂钓，必须进行调漂

浮漂只有经过合理的调漂，才能够相对合理地使用。垂钓时，不调漂也会钓上鱼，但盲目性大，失口多。合理的用漂和调漂，会有助于大大提高上鱼效率，显示出用漂和调漂的垂钓技术含量。

（2）垂钓调漂，有着技术含量

垂钓，需要钓者具有多方面的技能，调漂是钓者需要掌握的重要技能之一。掌握调漂技术，通常不会无师自通，通常需要传承和学习。垂钓水平，主要是体现在能够钓到难以钓获之鱼，这也与合理的用漂和调漂有关。

垂钓用漂的安装使用

1. 浮漂要安装在漂组的最上方

在线组中，浮漂要位于主线上各钓件的最高位置。即在常规的情况下，线组上各钓件从上往下的安装顺序是浮漂、铅坠、脑线、钩和饵。

（1）浮漂在上，才能构成常规漂组

才能形成悬挂，才能便于整体重力与水浮力形成垂直的平衡。

（2）安装顺序，也有特殊

专门远点浮钓鲢鳙鱼的线组，铅坠则是位于最上，且在水深范围内能够滑动，这属于特殊排序。实际垂钓时，由于铅坠落底后水线形成两折式，浮漂仍会是居于最高端。

2. 漂浮，要按照安装方式安装

浮漂的使用，有着安装方式的要求。

（1）插脚式浮漂的安装

插脚式的浮漂，配有漂座，要将漂脚插入漂座的插漂孔中。

（2）通心式浮漂的安装

通心式浮漂（主要是圆形、椭圆形浮漂），要将主线穿过浮漂的通心孔。

3. 浮漂的使用要配有专门坠力

运用浮漂垂钓，必须要有漂坠的配合使用。

（1）漂组有漂坠，是垂钓的必须

在漂组中，如果不对浮漂配有专门的坠力，就实现不了浮漂的合理使用。

①不合理配重，立漂就不会合理地直立于水中，球形漂就不会有合理的入水体积。

②不合理配重，就不会实现所需要的浮力与重力平衡及平衡稳定力，上下垂直力就会达不到使用要求。

（2）铅坠，在漂组中是专门针对浮漂配置的坠力

铅坠，在有漂钓组中，通常称漂坠，是专门针对浮漂配置的坠力。铅皮座、连接环、钓钩、钓饵的坠力，通常是次坠力，在调漂配重时需要一并运用其坠力。

①调漂配重时，铅坠通常仅是总坠力中的主体。自学者，通常会是只顾铅坠的重力，忽视总坠力。

②钓线的比重通常大于水的比重，对于浮漂也有着一定的坠力。钓的越深，所用水线越长时，水线的坠力越大。

③漂坠，有着咬坠和裹坠之分。

漂坠，可使用裹坠（铅皮），也可以使用咬铅，还可使用通心铅坠。

咬坠，通常用于野钓。通常不易被水中障碍所挂，被挂后也易脱落。咬坠上，通常标识有克数，可便于针对浮漂的排水克数快速

合理选择配重的合理量度。当一个小咬坠的重力量等于 1 目或 2 目的入水量时，可便于配重目数的增减。笨钓时，可便于小咬坠落底数量的掌控。即可有量度的突破垂钓的底线，且不会过笨。

裹坠，通常用于池钓或水中无障碍水域。池钓等人工钓场，由于水中无障碍物且通常主钓的是鲫鱼，通常是使用铅皮。由于铅皮没有克数标识，使用时通常需要进行合理量度的修剪。

4. 浮漂在主线上要能够移位

合理的使用浮漂，需要浮漂在主线上能够移位。浮漂在主线上能够移位，是垂钓的需要。

（1）是实现水线长短变化的需要；

（2）是浮钓不同水层的需要；

（3）是浮钓与底钓转换的需要；

（4）是底钓水深不同的需要；

（5）是变化底钓下状态的需要；

（6）是运用浮漂实际排水量增减的需要。

5. 浮漂在主线上要能够锁位

合理的使用浮漂，也需要浮漂在主线上能够定位、锁位。浮漂在主线上要能够锁位，也是垂钓的需要。

（1）是稳定浮钓水层的需要；

（2）是稳定垂钓深度及底钓下状态的需要；

（3）是稳定钓点、钓目的需要；

（4）是准确观察判断的需要。

浮漂在主线上的定位和锁位，有着多种措施。通常主要是通过橡胶豆（小钓件），进行定位和锁位。橡胶豆，要在浮漂座的前后进行紧度限制性的定位和锁定。

橡胶豆，也有底钓钓目变化量的位点标记作用。可用多个橡胶豆在钓线上进行不同位点的标记，包括底钓钓目灵钝运用范围的位点标记，还可作为不同钓点水深的位点标记。此外，橡胶豆也可用于竿梢蛇头与主线连接后的锁定。

星漂（串漂）的每个浮子，既是小浮漂，本身可具有紧度定位功能。此外，浮漂座也有制成具有紧度功能的漂座。无论采用何种装置锁位，其锁位能力在使用中会逐步下降，通常需要经常更换。

6. 浮漂的使用，要有相对合理的入水和出水体积

垂钓时，浮漂的合理使用，既要有着相对合理的入水体积，也要有着相对合理的出水体积。

（1）浮漂在水中要有出入水体积，是垂钓的需要

①是同目标鱼吃口力相匹配的需要；

②是浮力与重力平衡稳定力相对合理的需要；

③是合理掌控漂组上下绷直力的需要；

④是合理掌控漂组上下状态的需要；

⑤是利用水面体积入水和出水灵钝的需要；

⑥是合理表现浮漂信号和观察判断的需要。

（2）浮漂在水中出入水体积，需要有针对性地运用

垂钓时，浮漂入水和出水量的多少，包括串漂入水和出水浮子数量的多少，需要针对水情、鱼情等进行相对合理的设定。

①浮漂出水量，通常是限定在总目数范围之内，调钓时通常不能超出这个范围。

②使用单个圆形浮漂，且是钓浮，通常要是浮漂体积的一半出

水。

7. 浮漂的使用，需要进行调漂

浮漂的使用，需要进行相对合理的调漂。不调漂，就是不会使用浮漂。使用浮漂垂钓的重要一环，是要进行相对合理的调漂。不合理的调漂，就不会达到浮漂的合理使用效果，就不会发挥出浮漂的应有作用。垂钓时如果不进行相对合理的调漂，就谈不上合理的垂钓。

调漂，可合理发挥浮漂的作用，可实现垂钓技法的正确运用，可提高中鱼率。这需要运用调漂原理，对浮漂在水中的稳定力、状态、到位运行速度等方面进行有针对性的调控。

第六讲　垂钓用漂的选择

模仿式选择

模仿式选择，就是内行选择什么样式的浮漂，就跟着选择什么样式的浮漂。

1. 模仿式选择，主要是适用于初学者

精细垂钓，浮漂的合理选用通常是自学者的难点，自学者起初对于垂钓和浮漂的选用会是一窍不通，相关专业知识贫乏，起初要达到快速而正确的选择浮漂，通常需要采取模仿式的选择方法。

模仿，是照着内行和高手的用漂模仿，最好能当面请教。但需要注意，有些钓手钓龄长，但不一定是内行；有些钓手确实是内行，但讲解和传授能力有限。

在通常的情况下，自学者在开始时只能是模仿式的选用浮漂，在照猫画虎、照抄照搬的情况下逐步理解和消化浮漂与天情、水情、鱼情、钓法、目标鱼吃口的合理对应关系。

2. 模仿式选择是过程，需要尽快自主性地选择

浮漂的合理选择，要知其然，也要知其所以然，不能想当然，也不能自以为是，以偏概全。模仿要注重实效，不能盲从，要通过不同鱼情的实践进行检验，逐步上升为理论认识，不能总是盲目地、迷信地、跟风式地选用浮漂。

按照浮漂适宜性选择

不同类型的浮漂和不同型号的浮漂，是迎合和适应水情、鱼情、钓法、钓点远近、目标鱼吃口等前提条件而产生的。因而，通常需要按照浮漂的适宜性选择。

1. 浮漂是适者诞生和存在

浮漂选用的基本思路是：浮漂是因适宜什么前提条件和使用效果要求诞生的，就要针对什么前提条件和使用效果要求选择浮漂，钓钩、钓竿的选择也是如此。

2. 野钓与池钓用漂，有着各自细节方面的适宜性

只热衷池钓赛者，通常不善于野钓鱼情的用漂；只热衷野钓者，通常不深知池钓赛鱼情用漂的合理性。池钓与野钓，在用漂上有相通的方面，但也有区别，有各自针对鱼情匹配性的细节要求。

（1）池钓赛与野钓在鱼情方面会不同

①有主钓小鱼和主钓大鱼的鱼情不同；

②有垂钓高密度和低密度的鱼情不同；

③有垂钓养殖驯化鱼和纯野生鱼的不同；

④有鱼种单一和鱼种、鱼体大小混杂的鱼情不同。

特别是经养殖的生口鱼同钝野生鱼，在入窝快慢、认饵度、就饵胆量、争抢钓饵度、吃口及浮漂信号表现等方面有各自的特点。

这关系到用漂和调漂的合理对应性，这也与钓场的水面大小等水情因素有关。

（2）野钓用漂，需要针对自然鱼情的适宜性选择

在自然水域垂钓时，垂钓的前提条件是多样的，但浮漂的选用离不开针对自然水情和自然鱼情这个前提进行选择。

溪流钓时，就要用溪流钓的浮漂；矶钓时，就要用矶钓的浮漂。

垂钓讲究天时地利的适宜性，讲究钓组、钓法同水情、鱼情的相适宜，浮漂的选用也是如此。如果将在海水中用于矶钓的圆形浮漂，在池钓中垂钓杂食性的小鲫鱼，是不相适宜的；如果将用于相对钓远的两段式立漂，在池钓中垂钓吃口轻的小鲫鱼，也是不相适宜的。

（2）池钓赛用漂，需要针对池钓赛鱼情的适宜性选择

池钓赛用漂，需要针对比赛设置的水情、鱼情及所需钓法、目标鱼的实际吃口、钓点远近等情况选择适宜的浮漂。

池钓用漂的相对合理性，就是要求浮漂的针对性和适宜性的相对合理。其合理性在于同水情、鱼情、钓法、钓点远近、信号表现等相对合理的对接，也就是要与前提条件及钓法的要求等相匹配、相配套。

3. 垂钓用漂的适宜性，关系到调漂效果

要达到相对好的调漂效果，第一步需要合理地选用浮漂，这需要有针对性地选用浮漂。如果浮漂的先天条件不符合针对性和适宜性的要求，通常难以达到合理的使用效果。如果浮漂种类选用错了，

尽管调漂是相对合理的，也会难以调出理想的效果，难以达到所期望的使用效果。

按照浮漂专用性选择

垂钓用漂在针对季节、水情、鱼情、钓法等方面有着专用的类分，因而在选择时需要按照浮漂的专用性选择。

1. 按照浮漂专用性选择，是方便选用的总结

垂钓用漂，是根据前提条件“量身制作”的，针对前提条件有专用上的对应性和适宜性。因而，浮漂的选用通常需要按照浮漂的专用性进行相对合理地选择。

浮漂专用性选择，是使用效果所促成的，是长期的实践总结。浮漂专用性的区分及选择，有相对的合理性，可保证是不离谱的选用，且使用效果会相对好，也便于选用时的区分。

如果不按照浮漂的专用性去选择，通常是选错了浮漂，通常会是外行者选漂的表现。

2. 按照浮漂专用性选择，要有专业知识

按照浮漂的专用性选择，不仅需要专用意识，还需具备一定的专用知识，要基本上能够区分开不同类型、漂型的专用性。

（1）通常需要知道起码的常识

①钓大鱼，用大漂；

②钓小鱼，用小漂；

③钓远、钓深，用大漂；

④钓近、钓浅，用小漂；

⑤钓鲫鱼，用鲫鱼漂；

⑥钓鲤鱼，用鲤鱼漂；

⑦钓重口鱼，用大漂；

⑧钓轻口鱼，用小漂；

⑨在溪流中垂钓，要使用溪流钓用漂；

⑩冰洞钓时，要使用冰洞钓用漂等。

鱼的大小、水的深浅、钓点的远近、鱼吃口的强弱和浮漂的大小，均是相对的，通常均是常规概念上的相对区分。

（2）需要知道在水情、鱼情方面的专用

①浮漂在水情方面的专用

主要是海水、淡水、静水、流水、深水、浅水等水情不同的专用。

②浮漂在鱼情方面的专用

主要是所对应的鱼种、鱼体大小、鱼密度大小、鱼吃口力强弱、鱼种及大小混杂等鱼情不同方面的专用。在淡水钓鱼种的专用方面，通常会明确地分有鲫鱼漂、鲤鱼漂等鱼种漂型。

③浮漂在钓法方面的专用

主要是钓浮、钓底、钓行程三种基本钓法的不同专用。

专门用于远点浮钓鲢鱼的“水怪”漂，是典型的浮钓漂。在海水中用于矶钓的圆形漂，也是典型的浮钓漂（为浮钓动水漂）。

3. 专用漂，也会有着一定的兼用性、广谱性

一些专用漂，也会有着一定的兼用性、广谱性，通常要尽可能地运用其专用性。

当鱼种不同时，如果鱼的习性、食性和吃口情况相对接近，也可不受针对鱼种专用上的限制。例如，专门用于垂钓鲫鱼的三段式

立漂，也可用于垂钓鲤鱼、罗非鱼、白鲦鱼等。因而，初学者也要能够区分开浮漂的具体专用性和通用性的运用。

按照浮漂性能设计意图选择

浮漂力学性能灵钝的设计和制作，有着具体的针对性，通常有着明确的设计意图。因而，浮漂的选用需要按照浮漂性能的设计意图选择。

1. 浮漂性能，会针对不同前提条件及相关要求设计

（1）会针对水情的适宜性设计

包括针对海水、淡水和水面大小、静水或流水以及水的深浅等适宜性，进行浮漂力学性能的设计制作。

（2）会针对鱼情的适宜性设计

包括针对掠食性鱼种、杂食性鱼种等具体鱼种的不同和鱼体大小的不同、鱼常规吃口力不同等鱼情，进行浮漂力学性能的设计制作。

（3）会针对钓法的适宜性设计

主要是会针对钓底、钓浮和钓行程的用漂，进行浮漂力学性能的设计制作。

（4）会针对钓点的适宜性设计

主要是会针对钓点的远近和观察适宜性的需要（包括钓位高低的观察需要），进行浮漂力学性能的设计制作。

（5）会针对钓组的适宜性设计

主要是会针对轮竿钓组和手竿钓组的适宜性，进行浮漂力学性

能的设计制作。

（6）会针对表现浮漂信号的适宜性设计

主要是会针对有利于鱼咬钩时信号的合理出现和观察判断需要，对浮漂力学性能有所区别的进行设计制作。浮漂的排水克数，通常要同目标鱼的常规吃口力相当，通常会以三个级别进行对应。

2. 浮漂性能上的针对性，会突出个性化的设计制作

会针对鱼情、水情、钓点远近等，在钓法、漂信的表现等方面，突出个性化的设计制作。浮漂性能的不同，其个性化的针对性是不同的。初学者通常不会按照浮漂性能的个性化选用浮漂，主要原因是相关专业知识缺乏和垂钓经验不足，在浮漂个性化的选用方面业余。

3. 浮漂性能上的针对性，是统筹兼顾的设计制作

浮漂性能上的针对性，通常会兼顾天情、水情、鱼情、钓法、漂信、用钩、用饵等方面的相对合理，统筹兼顾地设计制作。

4. 按照浮漂的性能选择，是更加专业的选择

按照浮漂的性能设计意图选用浮漂，也就是按照浮漂的适宜性、针对性选择浮漂，通常是更加专业上的选用。

合理选用浮漂的关键是浮漂的性能与垂钓的相关条件相适宜。选用者通常需要具备一定的相关专业知识和垂钓经验，起码需要能够从浮漂的性能与钓法、与鱼的吃口、与漂信的合理性等相对应的角度，能够理解和运用浮漂的性能。

就三段式立漂而言，需知道漂身、漂脚、漂尾有着长短、粗细、轻重的灵钝设计和针对性运用。特别是漂身，有着造型的灵钝设计和针对性运用等。

在通常的情况下，三段式立漂的灵钝性能，主要是从浮漂整体和局部的力学性能特征方面，有区别的与前提条件相对应。

（1）钓底、钓深水，通常选择身长的浮漂

漂身长通常表明体积大于短身漂，通常稳定性相对好。体积相对大，所需启动力相对大，但通过长可减弱一些运行水阻，这也可改为运用漂身短、直径大的相配合。

（2）钓浮或钓浅水，通常选择短身、短脚的浮漂

短脚、短身，通常有利于立漂的快速翻身。

（3）主钓行程，通常选择尾长、脚长的浮漂

长脚、长尾漂通常翻身到位慢，利于目标鱼的截口，也利于浮漂下行期的观察，但也易遭到小杂鱼的拦截。

（4）鱼吃口轻，通常选择体积相对小的浮漂

体积相对小，通常相对易启动，动态会相对明显，但不能过灵，也需要运行水阻的相对钝。即可运用体积小与直径相对大的配合。

鱼吃口轻时，需要选择灵敏性相对高的浮漂，需要从体积、造型、自重、长短、粗细等方面选择浮漂的灵敏性及迟钝性。

偏圆形的漂身，运行钝，但体积小为灵，二者需要相对合理的互补。钓点远且是垂钓生口鱼，通常需要选择体积相对大且是易观察的浮漂。

在实钓中，浮漂的性能还有着具体细节内容上的对应，需要在实践中体会，高手会对制漂者的设计思路和预计达到的理想效果有所理解。通常重点是从有利于钓法、有利于能出信号且假信号相对少的角度进行理解，在理解的基础上进行合理性选择。

有经验的钓手，对于在什么前提情况下，选择什么性能的浮漂，

会心中有数，通常是经验积累的结果。

其秘诀是选择浮漂性能的适宜性。这是因为浮漂性能的适宜性影响着浮漂的使用效果，这在目标鱼吃口好与不好时，会有着明显的使用效果差异。

5. 任何漂型，都有着各自性能方面的优劣

浮漂的选用，需要扬长避短的选择和运用，需要浮漂的性能与水情、鱼情、钓法等方面的对应性。规格大的浮漂，通常对应钓大鱼、钓生口鱼、钓重口鱼、钓深水、钓远，以及应对大饵、重饵和鱼种混杂等；反之，相反。

需要注意：

大鱼也有吃口很轻、很弱的时候，小鱼也有狮子大开口的时候。这包括着野生鱼和养殖鱼。因此，当大鱼吃口弱，浮漂的选用则需要相对灵。

新手，会认为大鱼大、吃口重，会总是一味地使用大钩、大饵、大漂进行垂钓。这一次使用效果好，下一次使用就不一定效果好，鱼吃口力的大小会发生变化的。

6. 浮漂同鱼吃口，有着灵钝对应策略的选用

在垂钓时，浮漂同鱼吃口有“灵对钝、钝对灵”等应对策略方面的区别应用。

即有时以浮漂性能上的灵，对应鱼吃口轻为好；有时以浮漂性能上的钝，对应鱼吃口重为好，有着一定的对应规律，不能随便对应。否则，属于浮漂性能运用上的外行。

这通常需要针对鱼种、鱼体大小、鱼的吃口、鱼的密度、钓法和有利于信号合理表现等方面，选择浮漂的灵钝性能。

鱼有大小，浮漂也有大小；鱼有吃口的多样性，浮漂则有型号的多样性，即浮漂有着性能多样性的对应运用。

钓鱼人使用浮漂垂钓，最重要的一点是，需要合理利用浮漂的灵钝性能同鱼情的相对应。对应的合理性，通常是初学者的一个难点问题，通常需要遵从前人的经验和通过大量的实践体会，得出对应心得体会。对应，通常是有着一定规律可循的，但也不是一成不变的，会有着反常规的情况，通常需要灵活运用。

此外，浮漂的工艺好坏，会影响着浮漂的性能，并有着影响大小的区分。品质低劣或有瑕疵的浮漂，会难以保证浮漂应有设计性能的表现。

按照鱼情选择

按照鱼情选择浮漂，是从最主要对接点方面的对接选择。

1. 应对需要依据，鱼情就是最主要的依据

无依据的对应，无主次的对应，是盲目的对应，也是盲目的选择。钓组中各钓件的选择，包括浮漂、钓法、调钓量、钓钩、钓饵的选择均需要依照天情、水情、鱼情等前提条件的对应性选用，但依照鱼情的选择，是重中之重的核心依据。

垂钓最重要的一点是，需要依鱼情选用钓组和钓法等，需要有主次的处理好钓组、钓法、用钩、用饵、脑线等与天情、水情、鱼情、钓位、钓点的对接，对于浮漂的选用也是如此。

2. 不知鱼情，确定不了浮漂的选用

在不知鱼情的情况下，面对不确定因素，通常是确定不了选用

什么性能的浮漂。当水情、鱼情等条件相对确定、相对稳定时，浮漂的选用会是提前确定下来。

3. 按鱼情选择浮漂，需要三个方面的基本知识

（1）需要对浮漂性能知识有所了解；

（2）需要对鱼情知识有所了解；

（3）需要对鱼情同浮漂性能的匹配知识有所了解。

这三个方面的相关知识了解得越多，结合运用的相对好，选用浮漂和调漂的能力会相对强。

对鱼情的正确判断，需要经验积累。对鱼情知识，包括对人工钓场和自然水域鱼情的不同了解，并需知晓常态鱼情和特殊鱼情的判断和应对方法。

对鱼情的正确判断，需要具有丰富的鱼情判断经验，不是一朝一夕能够做到的，初学者通常需要向有经验的钓手直接请教和不断的积累。哪怕，能够学到一丁点的专业知识，对于钓技的提高也会是大有帮助，特别是能够学到“捅破窗户纸”方面的知识，会大有帮助。否则，会长期困扰钓技的提高。

分步骤选择

垂钓用漂的选择，通常需要按照相关要求，有主次、分步骤地选用。

1. 针对垂钓前提条件，有着通常的选择步骤

第一步，按照相符的水情选择。

即按照所面对的海水、淡水、流水、静水或库钓、池钓等水情

选择所适宜的浮漂。这包括钓位的高低、钓点的远近和所需钓组的相符合。

第二步，按照相符的鱼种选择。

即按照所垂钓的鱼种选择所适合的浮漂。例如，第一步确定了是池钓用漂后，第二步则是需要确定是使用鲤鱼鱼种还是使用鲫鱼鱼种的漂型。

第三步，按照相符的目标鱼体选择。

即按照所垂钓鱼种的鱼体大小选择浮漂的漂号，达到型和号的匹配。确定漂号，通常就是确定出浮漂的排水能力大小或体积大小。

第四步，按照相符的目标鱼吃口选择。

即按照目标鱼的实际吃口强弱进一步确定出浮漂的细致型号。三段式立漂型号的细分，包括着漂身、漂尾、漂脚的性能细分，需要按照目标鱼吃口强弱与信号合理表现的关系进行选择。

此外，在浮漂的选择步骤中，通常也要结合气候、水温、鱼种习性、食性、目标鱼的密度、活跃情况、所在水层以及所适宜的钓法、用饵等确定出所用浮漂的个性性能。

2.分步骤的选择，是按类、型、号的选择

即首先达到框架方面的合理性，然后再达到具体细节方面的合理性。可概括为是按照浮漂的类—型—号的步骤选择浮漂。

类，通常是大前提的专用类别；型，通常是具体前提的专用漂型；号，通常是型中的排水克数之分，也通常说是浮漂体积大小之分。

对于自学者，类、型、号通常都可能会出错，池钓时通常大多是在号数上选不准浮漂，并会在适宜钓法的合理性等方面选不准浮漂。

池钓，通常是免去了水情方面的框架区分步骤（仍有水温、水质肥瘦、深浅等区分），直接选择所适宜的漂型，然后选择漂号，这包括细致地选择型号。

3. 浮漂的型号，有着多方面的区分

浮漂的型号及适宜性，具体有着鱼种方面的区分、钓法方面的区分，适宜水深浅和钓点远近等方面的区分，需要主次结合的选择。浮漂的型号选对了，会有利于钓法和信号的合理表现。

4. 类别不同，其适宜性会不同

三段式立漂，只是手竿垂钓用漂种类中的一个常用类别。初学者通常会认为垂钓用漂，只有三段式立漂。

三段式立漂，通常是手竿钓组的近钓用漂，主要用于淡水近钓杂食性鱼种，在池钓中的使用效果尤为突出。

一个类型或一个型号的浮漂，并非什么情况都能对应，并非什么情况都皆宜，垂钓时不是随便使用一种类型或型号的浮漂就可以应对各种鱼情、水情和钓法的。垂钓用漂是按照对应上的合理需要，进行分门别类的生产和使用的。因而，有经验的钓手，会准备着多支不同型号的浮漂。

5. 浮漂具体型号的区分，需要一定的专业知识

初学者，通常首先要能够针对目标鱼种—鱼体大小—鱼吃口的强弱，选择出所适宜的漂型、漂号，之后需要能够结合钓法和信号效果要求等选择浮漂。

此外，初学者需要认识到，合理的选用浮漂，是实现合理调漂的基础，是在垂钓中发挥出浮漂良好作用的重要基础保证。

6. 浮漂的选用，还有其他方法

通常还有着，通过“观、掂、摸、瞄、转”的方式选择立漂，这通常是对浮漂性能和工艺方面的大体判断。有经验的钓鱼人，通常只以浮漂的灵钝特征，就能够大体区分开浮漂的灵钝性能及其针对性和所适宜的钓法等。

总之，浮漂的选用要“对症”，需要因地制宜，随机应变，其大小等性能要与季节、天情、水情、鱼情、钓点远近和钓组、钓法等相匹配。

第七讲　垂钓调漂基本知识

调漂原理

浮力与重力平衡及失衡原理

浮漂在垂钓中的核心使用价值之一是运用浮力与重力平衡原理。当浮力与重力平衡后，失衡才会灵敏，且失衡、失稳定的灵敏度相对可控。

1. 浮力与重力平衡的实现

（1）浮力与重力的平衡条件

①需要上下二力相等

漂组在水中，浮力与重力在一条垂直线上，重力向下、浮力向上，当上下二力相等时，可形成浮力与重力的平衡。

②需要漂组最下端离底

浮力与重力平衡，不仅需要上下二力相等，也需要水中漂组的最下端离底，这样才能形成标准的浮力与重力平衡。

因而，浮力与重力的平衡需要通过“浮调”完成。即在下状态离底的情况下完成浮力与重力的平衡配重。因而，在实现浮力与重力平衡时，漂组长度要短于水深。

③需要合理的配重

重力，是浮漂及以下连带钓件重力的总和；浮力，是水产生的浮力。浮力与重力的平衡，是漂组的整体重力与水浮力形成的平衡。浮漂本身不能够产生浮力，但浮漂的排水量，可表示水对浮漂产生的浮力。

水的浮力，是不易调变的；但对浮漂的配重，是易做到的。因而，对于浮力与重力平衡的实现，主要是通过对浮漂（漂组）配重的合理性实现。

（2）浮力与重力平衡后的上下状态

①浮力与重力平衡后的上状态

漂组在水中形成浮力与重力平衡后，上状态分“平水”状态和“出水”状态。平水，是浮漂满负载时的浮力与重力平衡状态；出水，是浮漂未满负载时的浮力与重力平衡状态。

②浮力与重力平衡后的下状态

漂组在水中形成浮力与重力平衡后，下状态分位于漂组最下端的钩饵，离底高、低不同的状态，也就是浮调、浮钓状态。

2. 浮力与重力平衡后的失衡

漂组在水中实现浮力与重力平衡后，只要增重或减重，或者是对钩饵施以下拉力或上托力，破坏了浮力与重力的平衡力，浮漂就会出现失衡。即在水中处于浮力与重力平衡状态的浮漂（漂组）会出现动态，浮漂会增加入水体积（下行）或增加出水体积（上行）。

提示：

1. 浮力与重力平衡及失衡原理，是调钓的必须

浮力与重力平衡及失衡原理，是垂钓调漂的基本原理，是调钓必不可少的原理，是调钓的灵魂。使用立漂、单个圆形漂或串漂等不同类型的浮漂垂钓，均需要运用浮力与重力平衡及失衡原理。外行者，会认为只有使用立漂，才会运用这个原理。

2. 浮力与重力的平衡，主要是静平衡与失衡的运用

浮力与重力的平衡与失衡，在垂钓中主要是静平衡与失衡的运用，在垂钓技法中还有着动平衡及失衡的运用，这主要是钓行程、逮截口的运用。

3. 浮力与重力的失衡，是失稳定灵敏的需要

实现失稳定的灵敏，需要解决好漂组在水中稳定力的大小。这需要运用浮力与重力平衡与失衡原理，也需要合理地运用浮漂的大小、配重量度的大小、下状态的灵敏。

如果是运用了“重力大于浮力”的配重，没有实现浮力与重力的平衡，仅是浮漂的灵，漂组失稳定不会灵。

浮漂的灵钝，需要选择，漂组在水中静态的灵钝，则是需要通过调漂完成。这也需要针对目标鱼的吃口情况，选择所需要的调目和钓目量。

4. 启动点，通常需设置在漂组最下端

漂组在水中浮力与重力的平衡，是立式的平衡，作为启动点的钩饵通常需要安置在漂组的最下端。当鱼触动最下端钩饵这一敏感的神经末稍时，最上端的浮漂会及时地做出失衡表现，这如同天平的失衡。

此外，将钩饵安置在漂组的最下端，经铅坠断分出脑线后，底钓时可利于下状态的灵钝变化。

5. 失衡，主要是上下方向的动态

当浮力与重力平衡后(浮钓状态时)，鱼吸动所设定的启动点(钩饵)时，下动上即动，这主要会是上下方向的动态，浮漂会是下行或上行的沉浮，这通常是浮力与重力失衡的常规力学信号。

鱼咬钩时也会有着其它类型的信号，也会有着综合型的信号。鱼会是小力断续吸动钩饵，会是加力将钩饵吸入鱼口，也会是含钩或衔钩游动，还会是鱼体触动水线等，浮漂会有着点动、有力的下顿、侧移、拉黑等信号。

稳定与失稳定原理

稳定与失稳定原理，是当启动力大于稳定力时，稳定物才会出现动态的原理。

特点是启动力大于稳定力越多，稳定物启动后的动态量越大。当启动力小于稳定力时，稳定物不启动。

1. 稳定与失稳定原理，在调钓中的运用

稳定与失稳定原理，在调钓中主要是有着两个具体内容的运用。一是，漂组在水中总体稳定力大小的选择运用；二是，漂组在水中总体稳定力的分配运用。

（1）漂组在水中总体稳定力大小的选择运用

①浮力与重力平衡力大小不同的选用

调平水和调出水，是浮力与重力平衡总体稳定力大小不同的选用。调出水，会有着浮漂出水量多少的不同，也是浮力与重力平衡总体稳定力大小不同的选用，在调漂中为调目的选择不同。

②重力大于浮力的运用

当配重大于浮漂的排水能力（排水克数）时，是漂组的总体重力大于水浮力的运用，浮漂会沉入水中。这通常不在规范的调漂配重范围内，但因特殊情况也会运用，通常需要相对合理地掌控住重力大于浮力的量度。

（2）漂组在水中总体稳定力的分配运用

漂组在水中总体稳定力的分配运用，主要是底钓时的分配运用。

底钓时，先是通过调目选择出总体稳定力后，还需要或多或少地将总体稳定力，分配一些用于落底。

分配落底的重力量越多，落底的稳定力越大；反之相反。但总体稳定力是不变的，这是由浮漂的大小和对调目的配重量度所决定的。

2. 稳定与失稳定原理，在浮漂选择中的运用

漂组在水中总体稳定力的大小，除了与配重量度的多少有关外，也与浮漂本身的大小选用有关。

浮漂在水中状态相同，用大漂，稳定力相对大；反之相反。因而，浮漂的大小选用，也是选择漂组在水中稳定力大小的重要内容，同时也是选择浮漂在水中运行灵钝的内容。

3. 稳定与失稳定原理，同目标吃口力对接的运用

用漂大小和调漂配重的目的，就是要达到漂组在水中总体稳定力的大小，同目标鱼吃口力的对接。

即运用漂组在水中总体稳定力与目标鱼吃口力合理关系的对接。运用的基本思路，通常是目标鱼吃口力要有所大于漂组在水中的总体稳定力，使得浮漂既要能够得到启动，又要是动态量的相对

合理。

鱼吃口力的大小，是钓鱼人难以控制的，但可以通过浮漂大小的合理选用，通过漂组在水中总体稳定力的大小配重及稳定状态，同目标鱼的吃口力及其吃口方式相对接。

（1）这首先需要能够大体判断目标鱼的吃口力大小；

（2）这需要针对目标鱼吃口力大小选择浮漂的大小；

（3）这需要针对目标鱼吃口力大小选择配重量度；

（4）这需要通过不断的实践经验积累。

①可通过浮漂的大小、配重的选择量以及浮漂动态量，总结积累目标鱼的吃口力大小；

②可通过浮漂的排水克数、配重的选择量及浮漂动态表现量，总结积累目标鱼吃口力的对应克数大小。

经过浮漂排水克数与目标鱼吃口力表现的对比，可便于总结出选择浮漂排水克数的范围。即可相对量化的确定目标鱼常规吃口力的克数范围及选择浮漂的排水克数。

提示：

1.稳定与失稳定原理，也是垂钓的重要运用原理

稳定与失稳定原理，也是垂钓及调漂的重要原理，特别是底钓不可或缺的原理。

垂钓及调漂，不仅需要运用浮力与重力平衡及失衡原理，保证漂坠的匹配和失衡的灵敏，也需要运用稳定力的合理性控制其启动的灵钝度，二者不可或缺。即调漂需要实现浮力与重力平衡，也需要选择和实现浮力与重力的平衡力大小。

2. 落底重力的稳定力，也需要相对合理的运用

（1）底钓落底重力，通常不能大于浮漂的排水能力

底钓，所配总重力通常不能大于浮漂的排水克数，特别是落底的铅坠重力不能大于浮漂的排水克数。

自学者，通常仅是铅坠的重力就大于了浮漂的排水克数，这也通常会是大于了目标鱼的吃口力。

如果，浮漂的排水克数是按照适当小于目标鱼吃口力的克数选择，且是按照浮力与重力平衡的配重，既使铅坠呈落底状态，落底的总重力也是同浮漂排水克数、同目标鱼的吃口力是相匹配的。

因鱼情、水情等特殊需要，垂钓时也会有着总重力大于浮力的运用，但总重力通常是有针对性地、有合理量度地大于浮力，而不是仅铅坠的重力就盲目性地大于了浮漂的排水克数。当仅是铅坠重就大于了浮漂的排水克数时，铅坠会直接成为落底稳定力，这通常属于落底稳定力过大，通常称“沉坠钓底”，也称笨钓。

需要注意：

落底坠与沉底坠是有区别的。

①沉底坠，是说铅坠重力大于了浮漂排水克数的沉底；

②落底坠，是说总配重小于浮漂排水克数，经延长水线后的铅坠落底。

从配重与浮漂排水能力的匹配上讲，二者有着本质上的区别。

门外汉通常是运用沉坠垂钓，且铅坠重会无合理量度地大于浮漂的排水克数。因应对特殊天情、水情、鱼情的需要，内行会是有针对性的、有合理量度的运用。

（2）需要合理分配落底重力量度

首先实现了浮力与重力平衡后，通过水线长短量的配合，可实现对落底重力量度的分配，这通常需要有针对性的分配落底的重力量度，从而实现落底稳定力和浮漂信号的相对合理。这不仅同鱼的底栖食性、吃口和掌控浮漂信号的需要有关，还与底钓时所需要的落底定位力等有关。

启动过程与启动快慢原理

启动过程与启动快慢原理，是当启动过程少时，启动过程完成的相对快；当启动过程相对多时，启动过程完成相对慢的原理。

漂组在水中启动的快慢，与漂组在水中总体稳定力的大小有关，也与稳定力同目标鱼吃口力的合理关系有关，还与漂组在水中的状态有关，特别是与下状态有关。

由于启动点（钩饵）是设置在漂组最下端，漂组的启动需要运用下状态与启动过程完成快慢的对应关系。因而，启动过程与启动快慢原理，也称下状态原理，通常简称状态原理，具体是运用着下状态的不同状态与启动过程完成快慢的对应关系。

1. 下状态的最灵和最钝状态

漂组在水中下状态的最灵和最钝状态，主要是以下状态与启动过程完成快慢的对应关系进行区分的。

（1）下状态的最灵状态

漂组最下端的钩饵离底，为下状态最灵状态。会是下动上即动，是启动过程完成最快、最灵下状态。因而，浮钓时的下状态是最灵启动状态。

（2）下状态的最钝状态

铅坠卧底，为下状态的最钝状态，也称“座底”状态。底钓，通常是限定为铅坠的轻落底状态，也称底线状态。

2. 垂钓时下状态灵钝区间的划分

（1）下状态的最大灵钝区间

钩饵离底状态——铅坠垂直轻落底状态，这个范围通常限定为垂钓时下状态的最大灵钝区间。

①铅坠垂直轻落底时，启动过程需要完成卧底的钩饵、卧底的脑线、轻落底铅坠的启动、浮漂动态的过程，这通常为完成整体启动过程的最慢状态。

②铅坠的垂直重落底或呈重卧底状态，启动难度更大，不利于以浮力与重力平衡及失衡原理为主的运用，通常不列为常规的下状态范围，但当鱼情、水情特殊时也会运用到。

（2）浮钓时下状态的灵钝区间

浮钓时下状态的灵钝区间通常是：钓最浅浮至钓最深浮的范围。浮钓时下状态的灵钝划分原则是：钓浅浮灵于钓深浮。

（3）底钓时下状态的灵钝区间

底钓时下状态的灵钝区间通常是：漂组最下端的钩饵轻触底至铅坠垂直轻触底的范围。

①这个范围，通常为底钓最大灵钝范围。但因应对常规鱼情的需要，通常会缩小这个范围的运用，缩小量通常是因鱼情自定。

②这个范围的不灵不钝点为：最灵点（起点）至最钝点（止点）之间的二分之一点。

③采用单脑线单钩，底钓下状态的最大灵钝范围，通常说是“两

点一线的”范围。即钩饵轻落底点至铅坠轻落底点，一线是脑线长度的范围。

④因应对特殊鱼情、水情需要时，底钓也会突破这个灵钝范围的限定，落底的铅坠会是呈卧底状态，这通常属于铅坠的喧宾夺主，属于运用笨钓状态。

⑤采用双脑线双钩饵，且是一高一低，并是垂钓常规鲫鱼鱼情时，底钓下状态的灵钝范围，通常会设定为双钩距的范围，即下钩饵轻触底至上钩饵轻触底或躺底的范围。

这个范围的二分之一点为不灵不钝点。双钩距，会因目标鱼的大小和用钩、用饵的大小而定，通常是1—2个钓钩的钩距。这个范围宽窄的设定，与常规目标鱼种、鱼体大小和鱼的常规吃口情况等有关，通常属于相对的定式，但在鱼种、鱼体大小和鱼的实际吃口发生变化时，则需要有针对性的扩大下状态的灵钝范围。

⑥采用双脑线双钩饵，下状态会有着：下钩饵的轻触底、躺底和上钩饵的轻触底、躺底，以及铅坠轻落底等灵钝不同的状态，即有着“多点”的运用。

提示：

1.启动过程与启动快慢原理，通常是底钓的运用

垂钓底栖淡水鱼种，通常是采用底钓方法，这需要运用启动过程与启动快慢原理。

底钓，需要运用下状态的灵钝不同；浮钓，需要运用浮钓水层的灵钝不同，二者的下状态均是为了同鱼情的相对应，也是同目标鱼吃口方式的对应。

浮钓时，下状态的灵钝区分和运用，主要是钩饵离底高低的区

分和运用，相对不复杂。

底钓时的下状态，有着钩饵、脑线、铅坠在水中的不同状态，相对复杂。

底钓及其调漂，需要知道钩饵、脑线、铅坠的多种不同状态，并需要通过调漂实现所需要的下状态。

2. 启动过程与启动快慢原理，也说是时间差原理

底钓，把控真口信号，大多情况下需要运用下动与上动的时间差，运用接近下动上即动的机率通常相对少。

钓大灵，信号过灵，虚假口信号会较多，特别是鱼吃口猾时和有杂鱼闹漂时，虚假口会更多。在池钓赛中，有时可以不顾及虚假口信号，有动作就可以提竿，这与无杂鱼闹漂、鱼的密度高且生口、鱼抢饵以及所需对应的诱钓方略等有关，当鱼口变猾或乱层乱口时，也需要运用下动与上动的时间差或放口，以稳抓真口信号。

因而，对于状态原理的运用，通常也说是时间差原理的运用，即下延时的暗用。延时量，要有利于合理信号的出现，会是动态的调整。这个延时量，决定着底钓钓目灵钝量度的运用，也会涉及到调目的合理选择。

（1）池钓赛，通常有运用接近下动上即动的鱼情条件，因而会运用到底钓下状态的最灵点（漂组最下端钩饵的轻触底），但通常不适宜垂钓猾口鱼。

（2）浮钓，运用的是标准的下动上即动，但通常也需要运用上延时的“放口”来掌控真口信号。也会通过漂组的钝，达到下动上慢动或下加力动上才真口动。

浮钓时铅坠上移，俗称高坠钓浮，属于延长脑线的钓浮，可利

于脑线的慢下摆，会利于真口信号的出现，这也通常是下延时的运用。

（3）底钓，把控真口信号时，也会有所放口，当下延时设定的相对合理时，会是有动作就是真口，下延时量过大会是死口信号。

（4）下动与上动，除了与下状态的灵钝有关，也与水线的上下刚性绷直力度有关。如果水线上下的绷直力太弱，会影响到下动与上动的灵敏性。因而，针对常规鱼情，浮漂通常不能太小，配重不能过轻。

（5）下迟钝，伴随着下稳定。当底钓运用下状态的迟钝状态时，落底的稳定力也会是相应的迟钝。当铅坠呈卧底状态时，不仅是状态钝，落底的稳定力也钝。

3. 垂钓，还有着上状态方面的灵钝运用

状态原理，主要是下状态与启动过程快慢对应关系的运用。但在垂钓时，还有着上状态方面的灵钝区分及运用，这主要是浮漂出水体积多少和入水灵钝的区分和运用，属于浮漂启动后的运行内容，也需要相对合理的设定，并需合理地选择浮漂。

（1）通常会通过漂尾灵钝的合理选用以及设定漂尾的出水量，运用立漂水面体积的入水灵钝。

（2）在保证总体稳定力和下状态相对合理的前提下，调钓时可实现留有相对合理的浮漂出水体积。通常是当浮漂的大小选用合理时，均需要留有相对少的浮漂出水体积，即兼顾上下状态灵钝的合理性。

（3）浮钓时，浮漂出水体积多，通常是针对滑口鱼或浮钓大鱼时的运用，即通常是为了上延时掌控真口信号时的运用。

（4）底钓时，浮漂出水体积多，会是有意钓钝的运用，即会是有意的“下钝上也钝”的运用。

4. 调漂原理的运用，具体是调钓时的运用

垂钓与调漂，是配套的技术，调漂原理也是垂钓原理。

调漂原理，在垂钓调漂中，主要是通过调目、钓目的实现，但调钓效果，也与浮漂的合理选用同目标鱼吃口的匹配性等有关。

需要注意的是：

浮漂的灵钝、调钓的灵钝、漂信的灵钝、中鱼时的灵钝，不是一个概念。

只是浮漂灵，如果没有调钓灵敏的配合，通常不会很好地表现出浮漂的灵；浮漂有所偏钝，如果调钓灵敏，漂信会相对的灵。

漂浮有动作能够中鱼，通常说明浮漂的选用和调钓的相对合理。此外，浮漂信号的灵钝，也同用钩、用饵、脑线等相关方面的灵钝有关，但浮力与重力平衡及失衡原理的运用，是重中之重。

调漂的这三个原理，相辅相成，相互补充，相得益彰，共同完成钓法和掌控漂信需要，但没有第一原理的实现，难以合理运用第二和第三原理。

调漂，首先需要运用第一原理这个必不可少的灵魂，其次是运用第二原理、第三原理的合理性。这决定了调漂方式、调漂步骤和具体的操作方法。

调漂基本方法

1. 调漂基本手段

调漂的基本手段是配重，即对浮漂进行配重。

实际调漂时的配重，是对漂组总重力的配重，需要实现浮力与重力的平衡，并且是实现平衡稳定力同目标鱼吃口力的相匹配，这同时也为钓法的合理实现奠定了力学基础。

漂组整体重力包括：浮漂及其下端与之相连各钓件、各辅助件的总重力。

2. 调漂配重方法

调漂配重运用的是“加减法”，即通过重力的增加或减少，实现配重的相对合理，主要是通过铅坠重力的加减完成，但也需要钓饵等重力的参与运用。配重，通常需要“先加后减”。“咬坠”上标示有克数的，可与浮漂排水克数相匹配的选配。

3. 调漂配重形式

调漂配重分直接配重、间接配重两种形式。

底钓通常要求：先是直接配重，实现调目；然后运用间接配重，实现初步钓目。

（1）直接配重

①直接配重，是对浮漂下坠力的直接增减，并是完成总体稳定力大小的操作。

②直接配重，可通过对浮漂下端相连的各钓件、辅助件的多少或轻重的选择，进行重力的增减。但直接配重，通常是对铅坠重力

量的直接增减。

这是因为，铅坠在漂组中的主要任务就是用于配重的增减变化，其他钓件、辅助件的重力量变化通常是选择性的运用，不能修剪，但钓饵的重力量会是随时进行增减变化的运用。

③直接配重，在调漂配重中主要是用于浮力与重力平衡的实现，以及用于浮力与重力平衡稳定力大小的实现。

④直接配重，需要实现“重力小于或等于浮力”，即实现调“出水”或调“平水”，使得配重与浮漂的排水能力相匹配，以利于浮力与重力平衡及失衡原理的合理运用。

（2）间接配重

间接配重，是不需对铅坠的增减，而实现对浮力与重力平衡所用重力的减少或恢复，主要是底钓时的运用。

①间接配重，主要是通过水线的长短变化来完成；间接配重，是要在完成浮力与重力平衡后的运用。

浮力与重力平衡后的间接配重：

一是，可实现底钓；

二是，可实现轻找底；

三是，可实现底钓落底重力量度的不同；

四是，可实现底钓下状态的不同；

五是， 可实现底钓钓目灵钝的不同；

六是， 可实现浮钓与底钓的相互转换。

这也是调漂先是需要完成调目的原因之一，只有完成了浮力与重力平衡的调目，才能通过间接配重合理地实现以上六点。

垂钓时，会因水线本身的增重和减重造成漂组整体轻重增减。

增减量与水线自重和水线出入水量的多少有关，钓者通常需要心中要有数。

②间接配重，其原理如同在浮力与重力平衡配重中修剪铅皮的直接配重。增重，浮漂会相应地增加入水体积；减重，浮漂会相应地增加出水体积。重力量的增减，同浮漂入水量和出水量成正比关系。

③间接配重，是从用于浮力与重力平衡的重力（调目配重）中间接分配出了所需要的落底重力，从而实现了底钓和底钓钓目量。

④间接配重，可用于分配落底重力和变化下状态，也可将分配给落底的重力量收回、恢复原状态，前提需要是浮力与重力的平衡。

提示：

1. 直接配重，是实现浮力与重力平衡的配重

直接配重，在规范的配重要求中，通常是指实现浮力与重力平衡的配重。通常要求在浮漂排水克数范围内，进行配重量度的选择；也通常具体是在浮漂总目数范围内，选择所需要的配重量度。这是运用调漂原理所决定的，在调漂步骤中为调目的选择。

2. 直接配重时，需要有着整体重力意识

调漂配重，是对浮漂的配重，也是对漂组整体的配重。调漂配重时，需要有着漂组整体重力量的概念及意识。

需要注意的是：浮漂是没有浮力的，只是有自重的不同，浮力是水产生的。

3. 直接配重，需要配重量度的相对合理

直接配重，不仅是选定漂组在水中整体重定力的相对合理，也是选择漂组在水中整体失衡、失稳定力的相对合理，核心是选择整

体稳定力同目标鱼吃口力的相匹配。

4. 垂钓时浮漂出现了动态，是配重发生了变化

垂钓时，浮漂出现了动态，通常表明是鱼咬钩了。从浮力与重力的平衡与失衡上讲，是漂组整体失稳定、失衡了；从调漂配重上讲，是鱼对浮漂进行了直接的配重变化。

浮漂下行，是鱼对浮漂进行了增重（下拉）；浮漂上行，是鱼对浮漂进行了减重（承担了部分或全部配重）。

底钓时，浮漂的动态，先是落底稳定力的失稳定，之后是浮力与重力的失衡、失稳定。

调漂基本步骤

第一步，完成调目选择。

调漂的第一步骤，是完成漂组在水中浮力与重力平衡及平衡稳定力的大小选定。这在调漂中，是完成了调目的选择。

这通常是基调，不直接用于垂钓，可为实现所需要的钓法、所需要的初步钓目，奠定相对合理的基础，这包括实现浮钓、底钓前的调目。

完成调目，需要通过“浮调”方式和直接配重完成，通常需要完成以下两个具体程序：

（1）漂组长度短于水深

漂组长度短于水深，是实现浮力与重力平衡的重要前提条件和必不可少的基础。

（2）进行合理配重

①通过合理配重，可实现浮力与重力平衡。因漂组长度短于水深，同时完成了浮调（最下端的离底）。

②通过合理配重，在实现浮力与重力平衡稳定力大小的同时，实现了调目量度。

浮力与重力的平衡，需要选择平衡稳定力的大小，这需要针对鱼情、目标鱼的吃口力情况和所需钓法等，实现具体的调目数。

第二步，完成初步钓目选择。

调漂的第二步骤，是完成实际垂钓时，漂组在水中所需要的状态，这在调漂中是完成初步的钓目。同时，也完成了所需要的具体钓法，主要是完成了浮钓或底钓的钓法。

这通常也需要两个具体程序：

（1）通过水线的恰当延长，完成轻找底

实现了轻找底：

①也就实现了底钓最灵钓目。

②也就实现了底钓最灵钓目——最钝钓目的起点。这为底钓钓目，从灵向钝的把握，奠定了基准点。

③也就实现了底钓与浮钓的转换点。这为底钓和浮钓的准确转换奠定了基准点。

④也就实现了钓点水深的标识点。这为浮钓水层高低的把握奠定了基点。

但当水位过深、水下有草或有缓流时，通常会是精心的找底。只是钓底，且是了解实现轻找底的基本原理，有经验的钓鱼人通常会是减去轻找底的步骤，不刻意的找底，直接完成底钓的初步钓目。

（2）通过水线的恰当延长，完成初步钓目

①初步钓目，是开钓之初的钓目，也通常是试口钓目，还会是垂钓全程相对稳定使用的钓目。

②初步钓目，包括完成浮钓时的初步钓目、底钓时的初步钓目，也会是完成主钓行程时的初步钓目。

第三步，随时进行钓目应变。

这主要是针对目标鱼吃口情况变化和掌控真口信号的需要，对钓目进行随时的修正调校，这在调漂中是进行钓目的应变调漂，也通常说是实钓中的调漂。必要时，底钓也会对调目进行重新选择。重新选择调目，通常属于重新调漂。

提示：

1. 钓目，通常不是一成不变

钓目，通常需要不断的校正，并会伴随着整个实钓过程的始终。这是因为，鱼情和鱼的吃口通常是变数，需要钓法、钓目随机应对。特别是掌控真口信号，通常需要通过钓目的变化予以应对，新手会以不变的定式钓目，始终钓到底。

钓目的应变，主要是用于底钓钓目的应变，通常是以微调为主，需要通过水线的长短变化予以调整。必要时，也会通过浮漂和调目的重新选定，进行应对。

浮钓钓目的变化，通常是通过配重或钩饵轻重的变化予以变化，也会通过更换浮漂的大小予以变化。

钓目的应变：

①会因“真口”信号的需要而变化；

②会因鱼情的变化而变化；

③会因鱼吃口的变化而变化；

④会因钓饵的变化而变化；

⑤会因钓点的变化而变化；

⑥会因钓法的变化而变化；

⑦会因水情的变化而变化；

⑧会因调目的变化而变化；

⑨会因浮漂的重新选择而变化；

⑩会因水位变化和水流、风浪的出现而变化。

2. 底钓，可不必轻找底

只是钓底，钓者如果深谙轻找底原理，并大体了解水深情况，可节省程序，不需完成轻找底的步骤。即当完成了调目的选择后，可直接完成所需钓法及其底钓的初步钓目，这需要钓者能够对底钓最灵钓目，心中有数。此外，调目可以是提前在其它水域完成，但在垂钓时通常需要进行校对。

3. 钓饵的重力，也是漂组整体重力的组成部分

调漂配重，通常包括着钓饵的重力，以保证配重的完整性，这会使得调目和钓目时的总配重量相同，以利于准确把握底钓钓目的灵钝运用。

对于有经验的钓鱼人，通常是空钩完成调目、带饵完成初步钓目，这需要钓者能够熟练地把握住底钓钓目的灵钝。

此外，浮钓前的调目，如果是带饵完成的，调目通常就是浮钓时的钓目；如果浮钓是空钩完成调目、带饵完成初步钓目，浮钓会有着调目和钓目的区分。

4. 用饵的轻重变化，会影响到钓目的变化

垂钓时，用饵大小和轻重变化，通常是钓技的细节内容，但会影响到钓目的变化。浮钓和底钓大灵时，最为明显，并能够反映到钓饵的丢失。

5. 水底的不平整，也会影响底钓钓目的变化

因水底高低不平，或水下有水草等障碍物，或水位发生了变化，会影响到底钓钓目的变化。垂钓时可通过钓目的自然变化进行判断，做到心中有数。

6. 底钓钓目，有着上下灵钝的对应关系

间接配重，主要是用于底钓钓目的实现和变化。底钓时，在一定的范围内适当延长水线，上、下状态会对应的变钝；适当缩短水线，上、下状态会对应的变灵。上、下状态的灵钝，是成正比关系，这首先需要完成浮力与重力的平衡。

7. 调漂的具体方法有多种，但万变不离其宗

实钓调漂时，有着具体的相关要求，并会有着个人手法上的不同，但万变不离其宗，掌握了调漂的基本方法，可利于了解和运用实钓时的其它调漂方法。对于调漂，要知其然，也要知其所以然。

调漂的基本原理、基本手段、基本方法、基本操作程序，均是为合理实现钓法及合理实现漂信相对合理而形成的，是力学知识在调钓中的运用。

调漂中的调目和钓目

调目的主要内容：

1. 调目

调目，是垂钓调漂中的专用术语。是漂组在水中实现浮力与重力平衡后，浮漂上端与水面平齐或浮漂露出水面的目数，也说是经浮调，浮漂在水中呈 0 目和露出水面的目数。

（1）调平水

经浮调，浮漂最上端与水面平齐，称调平水，也称调 0 目。

（2）调出水

经浮调，浮漂有着出水体积，称调出水。通常需要以具体的出水目数表达，如调 3 目、4 目、5 目等。

2. 调目完成方式

调目的完成，需要通过浮调方式完成。即需要：水线短于水深；总配重小于或等于浮漂的排水克数。

这样，完成调目后，漂组在水中是处于浮力与重力平衡状态，且漂组最下端是离底状态。这是由水线短于水深和总配重小于或等于浮漂排水克数所促成的。

浮调时，最下端的钩饵无论是距离水底高或低，均可实现浮力与重力的平衡，但钩饵通常要尽可能地接近水底。这样，在实现底钓最灵钓目时，可减少因水线延长的增重造成钓目的不够精准。对于水线延长或缩短造成增重或减重的量度，钓者通常是心中有数。

3. 调目高低区分

调目，有调高调低的技术区分。

（1）调目高低，通常是以浮漂总目数的一半界分

经浮调：

①浮漂出水目数多于总目数的一半，为调高；

②浮漂出水目数少于总目数的一半，为调低。

这个高低的界分，是一分为二的界分，界分出了高区和低区，可便于区间段的选择，通常用于短尾立漂和较大圆形浮漂调高、调低的区分。

（2）调目高低，通常是针对实际需要区分

针对常规鱼情、钓法、用漂、用饵大小、带饵或空钩完成调目的需要，钓者通常会自定出调高和调低的实调范围。

立漂通常会是：

①总目数的上四分之一，定为调低区，上四分之二，定为调高区。

这个高低的运用范围相对窄，通常为常规运用范围，这与常规鱼情和浮漂排水克数同目标鱼吃口力的相匹配等有关。

②也会是总目数的上四分之一，定为调低区；另四分之三，定为调高区。

4. 调目灵钝之分

调目灵钝区分，通常以调高和调低进行区分和表达。

调目灵钝区分的基本规则通常是：

调高，为灵；

调低，为钝；

调平水（调 0 目），为调目的最钝状态。

调目，如果不分灵钝的选择，是不分轻重的选择。按照灵钝区分规则的选择调目，是合理选择的需要，是实践的总结，也是力学上的区分，还便于交流。这可使漂组在水中的稳定力同目标鱼的吃口力相匹配，可使得漂信能够达到相对合理的前提基础。

5. 调目选择基本要求

（1）调目，有着限定要求的选择

调目，通常要在浮漂总目数范围内选择。即通常要求在0目（调平水）——浮漂所有目数范围内选择所需要的目数。情况特殊时，立漂也会有所超出这个范围，即立漂的漂身会有所出水。

（2）调目，需要有针对性地选择运用

所选择的调目，需要具有针对性。通常需要针对目标鱼吃口力的大小判断、浮漂的大小、用饵的大小轻重、钓法、带饵或空钩完成调目的不同等，选择所需要的调目。

6. 调目主要作用

调目基本作用是基调，有着以下主要作用：

（1）实现浮力与重力平衡的作用；

（2）实现浮力与重力平衡稳定力，同目标鱼吃口力相匹配的作用；

（3）为相对合理失衡、失稳定，奠定前提基础的作用；

（4）为钓法的合理实现，奠定前提基础的作用；

（5）为初步钓目的合理实现，奠定前提基础的作用；

（6）为底钓钓目的变化范围，奠定前提基础的作用；

（7）为掌控底钓钓目的变化，奠定前提基础的作用；

（8）为漂信相对合理，奠定前提基础的作用；

（9）表达浮漂的满负荷和实际排水量的作用；

（10）基准点的作用。

提示：

1. 调目灵钝核心，是浮力与重力平衡稳定力的大小

调目灵钝区分，是力学上的区分。调目灵钝区分的核心是，浮力与重力平衡稳定力大小的区分，这包括“自对自”调目量不同时的区分和浮漂大小不同但调目相同时的稳定力区分。

（1）通常是以上状态量的多少，区分和判断灵钝

调目灵钝判断，主要是以上状态量进行判断。浮力与重力平衡后，浮漂露出水面的目数越多，表明浮漂入水的体积越少，表明浮漂实际排水量相对少、浮力与重力平衡稳定力相对小。

调平水，是浮力与重力平衡稳定力的最钝状态，表达着是最钝调目。因而，浮力与重力平衡后，具体是以浮漂“出水目数多，为灵；出水面数少，为钝”的基本规则进行区分判断。也就是以“调高为灵，调低为钝”的基本规则进行区分判断。

（2）也通常以配重的轻重进行区分

①调漂，配重的灵钝区分是调负目钝于调目；

②调目，配重的灵钝区分是调平水钝于调出水；

③调出水，配重的灵钝区分是调低出水钝于调高出水。

这也通常需要带上钓饵后，做出最后的区分。即以完整的配重进行区分。

实际运用时，有着同目标鱼吃口力匹配性的灵钝运用，会是“灵对钝”或“钝对灵”的运用。即会针对当时的鱼情、目标鱼的吃口力，有着“调灵为好”或“调钝为好”的运用，这首先需要从力学

上区分开调目的灵钝。

2. 调目灵钝，既是静态的区分又是实用的需要

（1）在静态区分方面

在静态区分方面，调目灵钝的核心是，漂组在水中静态时浮力与重力平衡稳定力大小的区分。

（2）在漂组启动方面

区分开了静态的灵钝，可以区分开所需启动力的大小。

（3）在同目标鱼吃口对接方面

区分开了静态的灵钝和所需启动力的大小，再通过对目标鱼吃口力大小的判断，可通过浮漂的大小选用和调目灵钝的设定，同目标鱼的吃口力进行匹配，从而为漂信的相对合理性奠定相对合理的基础，具体可奠定鱼就饵时浮漂能够出现动态且动态量相对的合理。

因而，运用调目掌控浮漂信号的基本思路是，针对目标鱼吃口力大小的判断，设定出稳定力相对匹配的调目，既要达到漂组在水中能够得到启动，又要是启动量的相对合理。也就是，既要浮漂能够出现动作，又要是出现的动作不是过大、过乱。实钓时，这也需要钓目的相对合理配合，主要是从启动状态上进行相对合理的配合。

在浮漂启动与动态运行量二者之间，调漂首先是要解决浮漂的合理启动问题，同时也要为掌控浮漂启动后的动态运行量奠定相对合理的基础。

3. 调目，分有带饵和空钩的完成

（1）带饵完成的调目，是完整配重的调目，带饵配重完成的调目，可同钓目的配重基本相同。

①可利于准确地运用调目基准点；

②可利于准确地运用钓目的灵钝。

（2）空钩完成的调目，是配重不完整的调目

空钩完成的调目，钓饵未参与配重，是配重不完整的调目，会存在调钓的配重差，不利于准确实现底钓最灵钓目，但可用时少，通常是有经验调漂者的运用。

4. 调目，也会分有正调目和负调目

（1）正调目

正调目，是说经浮调，浮漂上状态是呈出水或平水的状态。在调漂中，调目就是正调目，就是浮力与重力平衡时的调目。

垂钓，需要运用浮力与重力平衡及失衡原理，因而调漂配重通常需要在调目范围内配重，具体是要在调平水和调出水范围内选择调目。

（2）负调目

调负目，也称调负水，是说配重大于浮漂排水克数的调漂配重，也说是“重力大于浮力”的调漂。因配重大于浮漂排水克数，浮漂会沉入水中，没有目数。但通过重力大于浮漂排水克数量度的掌控，可是负目量的多少，这通常需要知道负 1 目或负 2 目所需入水的重力量度。

负调目，通常不在规范的调漂配重范围内，通常也不应分有负调目，但因应对特殊鱼情、水情等情况的需要，也会有所运用。这通常要求漂组整体重力是有所大于浮漂的排水克数，并要求大于量要具有明确针对性的运用。

①因配重，特别是因钩饵配重造成总配重有所大于浮漂的排水克数时，漂组会沉入水中，但会是钩饵的落底。

②因仅是铅坠的重力量就大于浮漂的排水克数，漂组沉入水中后，会是铅坠的落底。

自学垂钓者，对于调漂配重通常认为只有“重力大于浮力”，才能确保钓底。并会自觉不自觉地运用沉坠卧底的“笨钓”，且铅坠会无掌控量度地大于浮漂的排水克数。

运用笨钓，自学者在实践中会认识到配重过重的迟钝性，会逐步的减铅。减铅的合理性，一是需要相关的理论知识，二是可在实践中总结。

钓目的主要内容

1. 钓目

钓目，也是垂钓调漂中的专用术语，是实际垂钓时，浮漂露出水面的目数。

2. 钓目分类

钓目，分浮钓钓目和底钓钓目，还具体分有试口钓目和对口钓目，通常只说钓目。

（1）浮钓钓目

浮钓钓目，是浮钓时浮漂露出水面的目数。

浮调与浮钓，均是漂组最下端钩饵的离底状态，均是浮力与重力的平衡状态，但二者是有区别运用的。

①浮调，是调目时的浮力与重力平衡状态。

②浮钓，是实际垂钓时的浮力与重力平衡状态。

需要注意：

一是，带饵完成的调目，调目数通常就是浮钓时的钓目数；如果是空钩完成的调目，上饵后的调目数，才会是浮钓钓目数。

空钩调目与上饵后的钓目，有着目差，称调钓差，差量通常就是钓饵重。

二是，浮钓，需要相对合理设定钓目，也需要相对合理设定浮钓水层的高低，这需要水线长短合适量的运用，这通常需要知道钓点水深。

三是，浮钓时，下状态的灵钝，主要是按照浮钓水层高低区分。

四是，浮钓钓目的灵钝，主要是与配重变化有着对应关系。浮钓钓目数，会受到水线长短重力量变化的影响，也会受到钓饵轻重变化的影响。

五是，浮钓钓目的灵钝，与下状态的灵钝没有力学上的对应关系，但浮漂出水体积量与其运行入水时的灵钝有关。

六是，实现浮钓，必须先要实现浮力与重力的平衡。常规的调漂，通常首先要实现浮力与重力的平衡，这不仅可以科学地实现浮钓，也可以科学的实现底钓。

当“重力大于浮力”时，是实现不了钓浮的。自学者，通常是沉坠钓底，不知钓浮，也不知实现钓浮的原理。

当“重力大于浮力”时，可通过削减配重实现钓浮，也可通过更换更大一级的浮漂实现钓浮，即可通过配重小于浮漂排水克数实现浮钓。

（2）底钓钓目

底钓钓目，是钓底时浮漂露出水面的目数。

特点是下状态的灵钝，决定钓目的灵钝，底钓钓目反映下状态的灵钝。

底钓钓目的灵钝与下状态的灵钝有着力学上的对应关系，这首先需要实现浮力与重力的平衡。

3. 钓目完成形式

（1）浮钓钓目的完成

浮钓钓目，主要是通过合理的配重完成，带饵完成了浮力与重力平衡的调目，通常也就完成了浮钓钓目。通过水线的长短变化，可实现浮钓水层的不同。水线的延长或缩短、钓饵的轻重增减，会对浮钓钓目有所影响。

（2）底钓钓目的完成

完成了浮力与重力的平衡后，底钓钓目的实现，需要通过水线的适量延长实现，即需要通过分配落底重力实现，这也同时完成了底钓的钓法。

4. 钓目高低区分

钓目，有钓高、钓低技术区分。

（1）浮钓钓目的高低区分

浮钓钓目的高低区分，同调目的高低区分一样，总体上也是以浮漂总目数的一半为界分。浮钓时：

①浮漂出水目数多于总目数的一半，为钓高；

②浮漂出水目数少于总目数的一半，为钓低。

当目标鱼相对小，且用饵相对小和浮漂的大小使用相对合理时，立漂通常会是：浮漂总目数的上四分之一，为钓低；浮漂总目数的上四分之二，为钓高。

（2）底钓钓目的高低区分

带饵完成调目后：

①钓目高于调目平衡点少，为钓低；

②钓目高于调目平衡点多，为钓高。

这个钓目的高低区分，是以调目平衡点为基准点的界分，需要针对实钓鱼情运用高低量。

这个钓目量的最大运用范围是调目平衡点以下的水中目数范围。垂钓时，水中目数出水越多，为越高。

空钩完成调目后：

第一种区分：

①钓目高于最灵钓目少，为钓低；

②钓目高于最灵钓目多，为钓高。

这首先需要实现下状态最灵点，即首先需要实现底钓最灵钓目，以便于以最灵钓目为基准点进行区分。

第二种区分：

①钓目低于调目平衡点，为钓低。

②钓目高于调目平衡点，为钓高。

这个钓目的高低区分，是以调目平衡点作为界分点的区分，通常是钓鱼人的习惯区分，通常是针对常规鱼情且是主钓灵的区分。

这个钓低，主要是因上饵后，饵重促成钓目低于调目。钓饵越轻，钓低量越少；钓饵越重越大，钓低量越多。当饵大且重时，调目通常要调高，也就是在调目设定时，浮漂要为钓目留有饵重所需入水目数量、落底量和浮漂出水量。

这个钓低，是有限量的钓低。最低钓目，是钓饵的少许落底状态。底钓，必需留有落底量，会据真口信号的需要，少留或多留落底量。水线的延长增重，也会成为落底量部分。

5. 钓目灵钝之分

钓目，有钓灵、钓钝的技术区分，通常也是以高、低进行区分和表达。

（1）浮钓钓目的灵钝区分

浮钓，钓灵钓钝的基本规则通常是：

①钓高，为灵；

②钓低，为钝。

这是按照浮力与重力平衡稳定力的大小区分的，与调目灵钝的区分相同。

总体的区分原则是浮漂出水越多，漂组在水中的平衡稳定力越小，反之相反。

（2）底钓钓目的灵钝区分

调目是带饵完成的

钓目灵钝区分的基本规则：

①钓目高于调目平衡点少（钓低），为灵；

②钓目高于调目平衡点多（钓高），为钝。

需要注意：

一是，这个钓目的最大运用范围是：调目后的水中目数范围。在实钓时，需要针对实际鱼情、漂信的相对合理范围，设定出所需要的钓目灵钝运用范围。

二是，钓目灵钝范围确定后，可确定出不灵不钝钓目和钓灵、钓钝的区段。

针对常规鱼情，立漂通常是：

调目后，水中总目数的上四分之一区，为钓低、钓灵区；

调目后，水中总目数的上四分之二区，为钓高、钓钝区。

三是，这个钓目的高低及灵钝区分，是以调目平衡点作为基准点。钓目高于调目平衡点少，为钓低、钓灵；钓目高于调目平衡点多，为钓高、钓钝。

四是，钓低量、钓高量，表达着下状态的灵钝量。在限定的范围量内，钓的越高，下状态越钝；钓的越低，下状态越灵。

五是，这个钓目的灵钝规则，在调0目（调平水）时易理解。即：

钓目高于0目少（出水少），为灵，即钓低，为灵；

钓目高于0目多（出水多），为钝，即钓高，为钝。

这与适当调负目后，钓目灵钝区分规则相同。

六是，这个钓目的灵钝规则，在调目较高时，通常不易理解，钓目会相对高。

因而，为便于初学者的理解和运用，通常要求初学者将调出水视为实际调平水后的运用，就是要将已完成的调目数视为调0目（归0目）的运用。这可便于运用“钓目高于归0目越多，越钝”基本规则。

实际调0目与视为调0目的运用，是底钓时“以上掌控下”和“以上判断下”的需要。当完成调目的调出水和初步钓目后，只单纯地以浮漂出水量的多少，是难以准确把握底钓下状态灵钝的，这需要借助调目平衡点的基准点作用，实现“以上掌控下”和“以上判断下”。

实际调0目后，钓目可兼顾上下状态等量的对应灵钝，可便于运用钓目的灵钝规则，这需要浮漂排水克数同目标鱼吃口力克数的相匹配。但由于二者准确匹配的难度较大，大多情况下，调目是要调出水。

调目是空钩完成的

钓目灵钝区分的基本规则：

第一种区分：

①钓目高于最灵钓目少，为钓灵；

②钓目高于最灵钓目多，为钓钝。

这首先需要实现底钓最灵钓目，以底钓最灵钓目为基准点，进行比照区分。这通常是规范的区分，这也通常会是以底钓最灵钓目作为初步试口的钓目。

钓目高于最灵钓目少，浮漂出水相对低；钓目高于最灵钓目多，浮漂出水相对高。因而，通常是：钓低，为灵；钓高，为钝。

第二种区分：

①钓目低于空钩调目平衡点（钓低），为灵；

②钓目高于空钩调目平衡点（钓高），为钝。

需要注意：

一是，这个钓目的灵钝区分，是将空钩调目平衡点作为了灵钝的界分点，通常是经验总结的大体界分。

二是，通常是饵重常规时的运用。

三是，通常是鱼情常规时的运用。这包括鱼种、鱼体大小和鱼吃口的常规。通常是针对垂钓鲫鱼的运用，也可用于垂钓其它鱼种。

四是，采用双脑线双钩饵，通常是将上钩饵的触底或躺底，设定为实钓时的最钝下状态。鱼大，钩距通常相对大。

6. 钓目有着限定要求的运用

（1）钓目，限定为钓出水。通常至少是钓 1 目或半目。

（2）钓行程，主抓行程信号时，可是钓 0 目或适量的负水，通常按所需浮漂下行速度而定。

（3）钓目灵钝范围，需要针对水情、鱼情、钓法、目标鱼吃口等因素设定。针对常规鱼情，钓目灵钝的运用范围，通常是以合理的漂信而定，必要时会运用到钓大钝的范围。

（4）钓目，需要有灵钝区分的运用及共识的交流。

7. 钓目的主要作用

（1）浮钓钓目的主要作用

①表达钓目灵钝的作用；

②表达上状态灵钝的作用；

③表达漂组到位的作用；

④表达信号的作用；

⑤掌控漂信的作用；

⑥观察的作用；

⑦判断的作用等。

（2）底钓钓目的主要作用

①表达到位的作用；

②表达灵钝的作用；

③表达下状态灵钝的作用；

④表达信号的作用；

⑤把控信号的作用；

⑥观察的作用；

⑦判断的作用；

⑧表达水深的作用；

⑨表达水底平整情况的作用；

⑩表达水位变化的作用等。

提示：

1. 浮钓钓目灵钝与底钓钓目灵钝，区分不同

（1）二者的灵钝区分，是相反的

浮钓时是：钓高，为灵；钓低，为钝。当浮漂排水克数小于鱼的吃口力时，钓钝（钓低）漂信会是灵，这是鱼能够启动钝。

底钓时是：钓高，为钝；钓低，为灵。

二者的灵钝区分，是相反的，需要灵钝区分开来的运用。

（2）二者的高低及灵钝区分，是有区别的

①浮钓钓目的高低及灵钝区分，相对简单，直观上从浮漂出水的高低就可区分。

②底钓钓目的高低及灵钝区分，无论调目是带饵或空钩完成的，总体上均是钓低为灵，钓高为钝，但二者的钓低有着具体的技术区分。带饵完成调平水，底钓钓目也可只是从浮漂单纯出水量的高低进行区分。

调目，无论是带饵或空钩完成的，底钓钓目的灵钝区分从力学要求上，均是要以底钓最灵钓目为基点，这个基点是区分底钓钓目灵钝的关键点。知道或实现了这个点，对底钓钓目的灵钝，会心中有数。这个点，就是轻找底点。

（3）二者的灵钝区分，是力学上的区分

浮钓与底钓钓目的灵钝区分，是力学上的区分，也是实际运用上的区分。

①浮钓钓目的灵钝，主要是按照浮力与重力静态平衡稳定力的大小区分，同调目时的灵钝区分是相同的。

②底钓钓目的灵钝，核心是以启动下状态的灵钝区分。即启动下状态灵，钓目灵；反之相反。

底钓，既需要通过调目解决好总体稳定力的灵钝，也需要通过钓目解决好下状态的灵钝，因而底钓有着调目和钓目之分。浮钓，也需要选择浮钓水层的灵钝。

2. 底钓通常要通过“二次平衡”实现

调目选择完成后，通过水线的恰当延长量，所实现的底钓钓目，不仅是适应水深和完成底钓的需要，更是间接配重的结果，这也通常说是“二次平衡”的结果。

即通过直接配重实现了浮力与重力平衡后，经间接减重，实现了新的浮力与重力平衡。也就是实现了减少配重量度的浮力与重力平衡，被减掉了的重力分配给了落底。

浮钓，通常俗称“单平衡”；底钓，通常俗称“双平衡”，即浮力与重力的平衡 + 落底重力与水底支撑力的平衡。

底钓，通常是由“单平衡”变为了“双平衡”，这通常是实现手竿底钓的正确方法。通过“重力大于浮力”直接实现的底钓，属于重钓底，不能实现钓浮。仅是铅坠重就较多大于了浮漂排水克数，为笨钓，也是笨找底。

3. 底钓钓目的灵钝，表达着下状态的灵钝

浮钓时，钓目是不对应下状态灵钝的。所钓水层高低的下状态灵钝，主要是通过水线的长度与水深之比进行大体把握。

底钓时，下状态的灵钝是看不到的，需要通过上状态掌控和判断下状态的灵钝。即，要做到“以上掌控下”。因而，这需要：

（1）底钓钓目的灵钝，要以下状态启动的灵钝来确定；

（2）下状态启动灵钝，要与底钓钓目灵钝形成对应关系。这首先需要实现浮力与重力的平衡，然后以下状态最灵点为基点，比照上下的对应关系。

4. 底钓钓目的灵钝，是静动灵钝的表达

底钓钓目的灵钝，不仅是下状态启动状态的灵钝表达，也是静态稳定状态与启动关系的灵钝表达，是以静态灵钝对启动灵钝的表达。

底钓钓目的灵钝，也表达浮漂出水体积的多少和全部入水时的上状态灵钝。这通常也是以静态灵钝，表达水面体积全部入水时的动态灵钝。

需要注意的是，浮漂出水体积多，出现真口信号时，不一定需要出水体积全部入水，点动或小幅下顿信号通常会是真口。

5. 钓目，必须要带有钓饵

带有钓饵的钓目，才是完整配重的钓目，才能促成鱼的咬钩，才能促成失稳定、失衡。此外，底钓钓目通常不适宜钓平水，钓目有出水体积，才利于观察判断。

6. 调目和钓目量，需要以具体目数表达

调目和钓目，灵钝通常是以高低进行区分和表达，且是“自对自”的灵钝区分和表达，这通常是大体的区分和表达。具体的灵钝量度，通常需要以具体的目数进行表达。

调目与底钓钓目的关系

底钓调漂，分出调目和钓目，是力学和垂钓需要的要求。调目和底钓钓目，在调漂中各有分工，各有各自的灵钝区分要求，二者缺一不可，有着相互联系、相互促进、相互制约的关系，特别是在底钓时密不可分。

调目灵钝，主要是通过配重的灵钝，使得漂组在水中的稳定力同目标鱼的吃口力相匹配；底钓钓目的灵钝，主要是通过下状态的灵钝，同目标鱼吃口的相匹配。通过二者的合理搭配，可使漂信相对合理。

1. 钓目的合理运用，需要调目奠定前提基础

调目完成了浮力与重力的平衡及其平衡力的大小选择后：

（1）可同目标鱼的吃口力相对的匹配；

（2）可是运用浮力与重力失衡为主的失稳定；

（3）可合理地实现底钓及底钓钓目；

（4）可合理实现底钓最灵和最钝钓目；

（5）可使得底钓钓目便于灵钝的变化实现；

（6）可通过底钓钓目的灵钝，掌控下状态的灵钝；

（7）可通过底钓钓目的灵钝，掌控漂信的灵钝；

（8）也可便于浮钓与底钓间的相互转换。

2. 钓目的运用，反映着调目的合理性

钓目的运用，不仅可通过漂信的合理性，反映钓目下状态的合理性，也反映调目量度的合理性，具体可反映浮力与重力平衡稳定力大小选择的合理性；还可反映浮漂、用钩、用饵、钓法的合理性，核心反映的是同目标鱼吃口力、吃口方式的匹配性。

提示：

1. 调目通常相对稳定，钓目通常要随需应变

垂钓时，漂信的合理性，与钓目的合理选择有关，也与调目的合理设定有关。在垂钓时钓目不是一成不变，漂信的合理性通常主

要是以钓目的合理量度进行调校，但必要时也需对调目量度的合理性进行修正。

此外，漂信的合理性，也与用漂、用钩、用饵、脑线的合理选用等有关。

2. 底钓调目和钓目，有着灵钝搭配的运用

（1）调钝钓灵（调低钓低）的运用；

（2）调钝钓钝（调低钓高）的运用；

（3）调灵钓灵（调高钓低）的运用；

（4）调灵钓钝（调高钓高）的运用。

这需要区分开带饵、空钩完成的调目，以及各自灵钝的具体区分。

调漂的主要作用

垂钓调漂，通常有以下主要作用。

1. 有着科学合理实现钓法的作用

（1）可合理实现钓浮

主要是通过浮力与重力平衡的调漂，实现钓浮。

（2）可合理实现钓底

主要是通过浮力与重力平衡的调漂，以及水线的延长实现钓底。从浮力与重力平衡及失衡的运用上，这通常是实现底钓的正确方法。通过“重力大于浮力”的直接钓底，通常属于情况特殊的运用，也通常会是自学者本能认识的运用。

（3）可合理实现钓行程

主要是通过调漂配重的合理性，实现漂组到位运行速度同目标鱼的截饵、追饵速度相匹配，从而实现钓行程的相对合理，这通常也需要立漂漂尾长度的相对合理等相关方面的合理性。

2. 有科学合理变化下状态的作用

浮力与重力平衡的调漂配重完成后，只通过水线的延长和缩短，可合理方便地实现：

（1）浮钓不同水层

可浮钓深浮、中浮（也称半水）、浅浮。

（2）底钓下状态的灵钝不同

钩饵、脑线、铅坠在水中状态和落底状态的不同。

（3）浮钓与底钓间的相互转换

可方便实现漂组最下端钩饵的离底或落底。

3. 有科学合理掌控漂信的作用

垂钓时，要通过浮漂信号得知鱼的咬钩，更要相对合理的掌控漂信，这需要相对合理的调漂。不调漂，漂信会杂乱无章，浮漂会不及时地做出鱼咬钩时的动态反应，甚至浮漂会显示不出动态。

通过调漂，漂信会是相对的“及时、合理、真实、稳定”。经过调漂：

（1）可相对合理地掌控浮漂在水中的静与动；

（2）鱼咬钩时，浮漂会相对及时的做出反应；

（3）浮漂动幅、动速、动向会相对合理；

（4）浮漂真口信号会相对合理，且会相对稳定；

（5）可利于判断目标鱼的吃口及吃口变化情况；

（6）可相对合理地应对目标鱼的吃口不同。

这通常也需要钓法和钓快、钓慢、用漂、用钩、用饵等方面相对合理的配合。

4. 有科学合理留出浮漂出水量的作用

（1）可使浮漂出水体积，有相对合理的观察判断量；

（2）可使浮漂出水体积，有相对合理的入水灵钝；

（3）可使浮漂出水体积，利于同水面进行对比观察。

5. 有科学“以上准确判断下”的作用

通过合理的调漂，底钓时可通过钓目的上状态量，判断和把握下状态的灵钝，利于做到对底钓下状态的灵钝心中有数，也利于判断目标鱼的吃口情况。这需要科学合理的调漂，使底钓时实现“上下对应变化”的关系。

6. 有精确轻找底的作用

通过浮力与重力平衡的调漂，以及利用带饵调目平衡点的基准点作用和水线长度的配合，可方便而准确地实现精确找底。

精确找底，是垂钓中的一项重要技术。精确找底，可利于把握底钓下状态的灵钝度，可利于把握浮钓水层高低，可利于把握浮钓与底钓间的转换等，这需要科学合理的调漂。

常规的基本调钓定式

垂钓，面对的鱼情、水情是多种多样的。但会有常规的鱼情、水情以及目标鱼常规吃口力的范围值，因而会有着常规的调钓定式等。

常规的调钓定式，通常是常规试口的配套调钓量，是常规的初步调钓量，是经验的总结，是应对常规鱼情、水情的“基本定式”，有相对的合理性和有效性，通常是钓鱼人所熟知的基本内容，也是初学者需要学习到的“基本公式”。

常规试口调钓定式，主要是底钓时的常规运用。这是因为，带饵选择的调目，通常就是浮钓时的钓目，调钓一样。

1. 底钓常规试口调钓定式

（1）带饵完成调目

采用单脑线单钩、双脑线双钩，且带饵完成调目，底钓的常规试口调钓定式，通常是调平水钓 1 目、调 1 目钓 2 目、调 2 目钓 3 目。

这通常是调钝钓灵，钩饵是偏重落底。采用双脑线双钩，是下钩饵的偏重落底。

这通常要求浮漂的大小选用相对合理。调 1 目钓 2 目、调 2 目钓 3 目，通常是最为常规的定式。如果浮漂相对选大了，通常需要调高调灵，使浮漂实际排水量同目标鱼的吃口力相匹配。

①调目量

主要是因浮漂排水克数同目标鱼吃口力的匹配性而定。在浮漂排水克数或浮漂大小的选用，同目标鱼吃口力相当时，通常是调低目。

②钓目量

一是，钓 1—3 目，通常是试口的运用范围。

二是，试口的钓目，是初步钓目，通常是偏钓灵。

三是，初步钓目，会因钩饵落底的轻重需要而定。当需要钩饵轻落底时，钓目略高于调目。反之，钓目要较多高于调目。钓目越高于调目，下状态越钝。

四是，初步钓目，会因目标鱼吃口与漂信合理性而定。

五是，带饵完成调目，通常不直接运用最灵钓目。这是因为只要完成了调目，钓者心中已知底钓最灵钓目，不必首先实现最灵钓目。

针对常规鱼情总结，起初的试口钓目，通常是偏灵的选择，漂信也通常会相对合理。

如果起初就是垂钓猾口鱼或大鱼，初步的试口钓目通常设定的相对钝些。

（2）空钩完成调目

采用双脑线双钩，且是空钩完成调目，底钓的常规试口调钓定式，通常是调 3 目钓 1 目、调 4 目钓 2 目，调 5 目钓 3 目。

浮漂及饵重选用合理时，调 3 目钓 1 目和调 4 目钓 2 目，通常是最为常用试口调钓定式。垂钓时，如果需要放口才能逮捉到真口，通常需要逐步增加钓目量，或改为大一号的浮漂，这也与用钩、用饵的合理性有关。

①调目量

一是，调目量，要能够实现定式的初步钓目。即调目要为实现定式的初步钓目，奠定可行的前提基础。

二是，调目量，也会因浮漂排水克数的合理性而定。

浮漂排水克数同目标鱼吃口力的对接选用相对合理时，通常是调低目，并结合饵重预留有所需观察量以及鱼咬钩时所需水面体积入水量。

浮漂的排水克数同目标鱼吃口力相当时，通常会是调 3 目。当饵重有所重于常规饵重，通常会是调 4 目或调 5 目。

三是，会因用饵的轻重而定。用饵大且重时，通常是调高目。调高，要为饵重所需目量、所需出水观察量设定出调高量。

②钓目量

一是，浮漂大小选用合理时，通常是留有 1—3 目的试口范围，这通常也是所需水面体积入水的最大量。

二是，定式的初步钓目，也会因用漂大小、用饵的轻重、目标鱼的吃口与漂信的合理性，选择不同的定式。

三是，定式的初步钓目，通常是有所钝于下状态的最灵点。当用饵较多大于常规饵重时，下状态会相对的钝。

四是，定式的初步钓目，也会是实现了底钓下状态最灵点，即实现了下钩饵的轻落底，这需要饵重的合理匹配。

五是，定式的钓目，通常是初步试口的定式，在垂钓中不是定式的不变。

需要注意：

一是，常规试口调钓定式，通常是针对常规鱼情的运用，也通常是用漂和饵重常规的配套运用。定式钓目，只是初步的试口钓目，下状态通常是偏灵，双饵重通常是有所大于 2 目的重力量。

二是，常规试口调钓定式，会同实现底钓最灵钓目的调钓定式（调钓量）相同。即调 3 目钓 1 目和调 4 目钓 2 目，也会是实现底钓最灵钓目的调钓定式。

这是因为，空钩完成调目，由于没有基准点的参照作用，钓者对底钓最灵钓目，会心中无数。因而，通常会首先实现轻找底，即首先实现底钓最灵钓目，并会将底钓最灵钓目，作为初步的试口钓目。确定准了底钓最灵钓目，具有了基准点，向钝的变化量才可心中有数。

三是，运用钩饵的轻落底，是下状态启动灵、漂信灵敏、快抓吃口的运用，大多是无小杂鱼闹漂的池钓运用。也会是主钓生口小鲫鱼的运用，还会是主钓弱口大鱼的运用。

当有小杂鱼闹漂、鱼吃口猾或鱼的探饵力过大以及以防止跑鱼炸窝，通常需要相对的钓钝。钓大鱼且鱼密度相对低时通常是相对的钓钝，通常不运用下状态的最灵点。

四是，运用下钩饵的轻落底，有着运用效果上的限定，在其有效运用范围内，效果会相对好，反之不好。这如同钓法的针对性运用，鱼离底觅食，钓浮为好；鱼在水底觅食，钓底为好。

五是，新手会将运用下钩饵的轻落底，当作制胜的法宝。不分鱼情的始终运用最灵钓目，这通常与初始垂钓小鲫鱼练竿形成的调钓理念有关，也与池钓以钓鲫鱼为主的常规人为鱼情有关，还与只认调钓定式不知应变有关。

六是，空钩完成调目，且将下钩饵的轻落底作为初步试口钓目，通常是为了实现精确的轻找底，把握住底钓下状态灵钝的起点，也可作为底钓与浮钓的临界基准点。是否作为初步试口钓目，与实钓需要和个人的运用经验有关。调 3 钓 1、调 4 钓 2，也通常会是常规的教学范例。

七是，定式的初步钓目，会因用饵较重，下状态钝于常规的初步下状态。但钓鱼人通常仍是定式的运用，这通常是钓大鱼的试口运用，钓大鱼时的下状态通常会适宜偏钝。

八是，定式的初步试口钓目，通常不直接运用底钓最灵钓目。

但需要钓者对下状态的最灵点心中有数，这需要经验的积累，有经验的钓手，会将常规试口的调钓定式作为参考的调钓量，针对鱼情的判断和所用饵重及所需真口漂信，直接将个人经验总结出来的调钓量，作为常规的调钓定式。初学者为走捷径，通常均会是追求掌握基本的常规试口调钓定式。

九是，尺有所短，寸有所长。钓灵，有钓灵的需要；钓钝，有钓钝的需要；钓大钝，也有着钓大钝的需要，各有各自的针对性和适宜性，忌盲目钓灵或钓钝。

钩饵的轻落底，在垂钓高密度的生口小鲫鱼时，通常有较好的效果，但当鱼吃口变猾或鱼体较大时，空竿率、脱钩率会加大，需要加钝。

十是，心中有底的钓手，空钩完成调目后，也会以调几钓几，作为初步钓目。底钓的调几钓几，是空钩完成调目的特有。

当饵重较重时，初步钓目会首先低于调目；当钓饵较轻时，如果调几钓几，属于钓灵。心中有底的钓手，还会以调 3 钓 2、调 4 钓 3 和调 5 钓 2 的下状态作为试口的初步钓目，并会作为常规的调钓定式。

十一是，空钩完成调目，与调漂熟练程度有关，也同鱼情对钓目精准度要求相对不够高等有关。如追求精准，通常需要对饵重所需入水目量、所需落底量，心中有数。

空钩完成调目后，钓饵如果过重，调目会成为实际上的负调目；钓饵如果过轻，且调目较高，会实现不了所需的钓低目，也会不利于准确实现轻找底。但对于有经验的钓鱼人，会心知肚明，可通过漂信的灵钝把控好下状态的灵钝。

2. 运用常规调钓量的主要原因

（1）有鱼情常规的原因

鱼情有自然和自身的规律性，池钓赛、竿坑通常有着人为鱼情的规律性。常规的调钓量，通常是应对常规鱼情及目标鱼常规吃口表现的总结，有一定的应对规律性。因而，当鱼情常规、目标鱼吃口及饵重常规时，通常是运用常规调钓量。

（2）有浮漂排水克数应用范围值常规的原因

针对目标鱼常规吃口力的总结，浮漂形成了与目标鱼吃口力相对应的常规范围值。当具体值相对应了，通常要是运用常规的调钓量。

①针对鲫鱼的常规吃口力范围值，浮漂的排水克数通常是2—4克，即有着2号、3号、4号漂。

②针对鲤鱼的常规吃口力范围值，浮漂的排水克数通常是4—6克，即有着4号、5号、6号漂。

因而，浮漂的排水克数，通常不会超大或超小。但因季节、水温等原因，鱼的吃口力会小于常规对应范围值，因而也会有体积相对小一些的浮漂，其调钓量，会是常规或不常规。

③目标鱼吃口常规，且是浮漂的排水克数同目标鱼的吃口力克数相当时，通常是调低钓低。

调低目，是运用漂组在水中稳定力接近目标鱼的吃口力，使得浮漂的启动量不是过大。

钓低目，则是运用下状态的启动灵。

④目标鱼吃口常规，当浮漂的排水克数大于目标鱼的吃口力克数时，即浮漂选用的偏大时，通常是调高钓低。调高量，要是调目

后浮漂在水中的实际排水量（漂组在水中的实际稳定力）有所小于目标鱼的吃口力。

垂钓，有时会专门选用有所偏大了的浮漂，在调钓灵敏后，运用浮漂运行时的钝，掌控真口信号，即以浮漂运行钝配合调钓的灵，这大多是浮钓时的运用，底钓也会是针对目标鱼生口或吃口好时的运用。

⑤目标鱼吃口常规，池钓时会是直接运用最灵钓目或不灵不钝钓目。

⑥目标鱼吃口常规，包括着上限和下限范围值的常规值。当目标鱼吃口接近下限常规范围值且无小杂鱼闹漂时，通常会是使用小号浮漂并会直接运用最灵钓目；反之，会使用大号浮漂，并会直接运用不灵不钝钓目。

当底钓直接运用最灵钓目时，漂信会相对合理，也会相对过灵，但可以此为基点向钝变化，逐步找到使得漂信相对合理的钓目。

⑦垂钓常规鱼情，通常要求选用浮漂排水克数同目标鱼吃口力克数相当的浮漂。浮漂制作时会标识有对应目标鱼的三个连号的排水克数值，号数用对了，匹配了，通常是调低目；号数用大了，通常相对调高目；当目标鱼吃口力较多大于了浮漂的上限常规范围值时，需要使用更大号数的浮漂。

⑧当浮漂的排水克数同目标鱼吃口力相匹配时，调低目钓低目，既可满足漂信的相对合理，又可兼顾上下状态的灵钝运用。

钓低，不一定是钓的最低，需要针对目标鱼吃口和漂信的合理性进行量度掌控，有时也需要通过钓高目进行应对。

有经验的钓鱼人，在浮漂号数的选用上通常能够同目标鱼吃口力相匹配，因而会是调低目，并会针对目标鱼的常规吃口钓低目，但也会因目标鱼吃口重或吃口猾而钓高目。

（3）有漂信相对合理的原因

鱼情常规、浮漂选用常规和调钓常规，漂信通常会是相对合理，钓目可在此基础上进行相对合理的变化。

这通常是相对合理配套的结果，通常也需要用饵、用钩、线组的常规定式配套。有经验的钓鱼人，会通过漂信的灵钝或浮漂难以出现动作等，判断浮漂选用、调钓搭配和线组的合理性，并能够进行相对合理的调整。

（4）有线组使用常规的原因

运用常规定式，还需要浮漂、钩饵等线组的常规，且同常规鱼情相匹配。冬季垂钓时，因水凉、鱼的活性差、开口弱、体能不足，线组的配置会是相对的精细。主线和脑线，也需据其品质的优劣而定。

总之，调漂是有着技术意图的，常规的基本调钓定式主要是符合常规鱼情的运用，也通常是用于初学时的掌握运用。鱼无常态，水无常形，调钓忌死认定式。

提示：

1. 鱼情、水情会是不常规

鱼情有不同的类型，通常不总是模式化的鱼情。鱼情的不常规，包括目标鱼的品种、密度、鱼体大小、鱼的吃口和鱼的混杂等方面的不常规。

此外，水情也不会总是刻版化的，特别是野钓时的水情通常是多种多样的。因而，当鱼情和水情不常规时，在用饵、用钩、用漂、线组搭配和调钓量、竿线配置等方面，也会对应的不常规，即垂钓还有着非常规的定式。因而通常是钓有法，在于活用。对于调钓定式，需要活学活用，能够因地制宜。高手，通常均是能够随机应对，有着应对不同鱼情、水情时的调钓搭配经验。

初学者且是采用双脑线双钩钓底，通常会力求学习实现底钓最灵钓目的定式方法，通常会是空钩完成调目，之后带饵实现底钓最灵钓目的调 4 钓 2 的常规定式。

（1）运用调 4 钓 2 实现底钓最灵钓目的这个试口定式，需要双饵重是略多于 2 目的重力量（通常要是 2.1 目），略多于用于落底。

当用饵发生了较大的轻、重变化时，会造成下钩饵未落底或落底的“过底”（下钩躺于水底）。下钩饵的过底，也会是实钓时需要，即钓者会以调 4 钓 2 的形式有意实现下钩饵的过底。

（2）运用这个定式，也与立漂漂尾的粗细和单目的宽窄有关。尾细目窄与尾粗目宽的 2 目，所承担的饵重是不同的。

（3）运用这个定式，也与浮漂的大小有关。大漂与小漂，同是调 4 钓 2，如果均是下钩饵的轻落底，各自在水中的稳定度是不同的，大漂会钝于小漂。同是调 4 钓 2，当目标鱼吃口弱时，小漂会有动作，大漂会是微弱动作或无动作；当目标鱼吃口较重时，大漂的小动作会是真口。

2. 浮漂与目标鱼吃口力的匹配性，需要经验总结

浮漂与目标鱼的匹配性，需要多方面因素的匹配，但浮漂排水克数同目标鱼吃口力克数的匹配性是重点，这需要一定的匹配经验。

通常需要以浮漂的排水克数、调钓量的选用及浮漂动态量，大体比较出目标鱼的吃口力克数，从而进行目标鱼吃口力克数的大体

判断总结以及与浮漂匹配性的经验总结。

不了解浮漂排水克数的钓鱼人，通常是以浮漂体积的大小进行匹配性总结，大多是以浮漂体积大小进行匹配性的表达。

在对目标鱼吃口力判断不准时，浮漂的选用和调钓的搭配，通常是盲目的、碰运气的运用，因而通常是要按照常规匹配定式的试口运用，大多情况下会是以偏钓灵，作为试口钓目。

3. 调目量，通常是略小于目标鱼的吃口力

当浮漂的排水克数同目标鱼吃口力克数相当时，调目量通常是要略小于目标鱼的吃口力，这可使得出现真口信号时，浮漂的动态量不是过大。

（1）带饵调 1 目，通常表明判断目标鱼的吸饵力大约是调平水或负 1 目时的吃口力。

当浮漂用大了，如果是调平水或调 1 目，漂组在水中的整体稳定力会是大于目标鱼的吃口力。

如果漂组在水中的整体稳定力较多地大于了目标鱼的吃口力，浮漂会难以及时出现鱼咬钩时的预警信号和真口信号。出现的动态信号，通常会是“小死口”或“大死口”的信号，也会是鱼吐钩的信号，底钓时这也与钓目（下状态）的灵钝设定有关。

空钩完成调目，通常需要加上饵重后，得出漂组在水中的整体稳定力与目标鱼吃口力大小的匹配性估判。

（2）带饵调 4 目或 5 目，通常表明判断目标鱼吸饵力大约是相当于调 2—3 目时漂组在水中的整体稳定力。

浮漂的排水克数以及调钓量，同目标鱼吸饵力的匹配性，在实际运用时通常均会有所误差。

经调钓后，鱼咬钩时浮漂的动态量不是过大且是相对稳定的真口信号，通常表明误差小，也表明下状态的设定相对合理。这通常需要通过反复的实践经验总结，包括整套线组搭配的合理性和用饵的合理性总结。

掌握了常规试口调钓定式、掌握了实现底钓下状态最灵点定式的方法步骤，只是掌握了调漂技术的小部分具体的技能内容，不是调漂技术的全部。调漂技术，包括着合理的操作技能和术的针对性运用能力，在这两项能力中，术的正确针对性运用能力是难点，这如同钓术的难点。

4. 定式是有限定前提的运用

垂钓时，鱼情、水情是千变万化的，需要多方面的合理应对，但会有着相对典型的应对常规鱼情、水情的常规基本定式，这包括调钓的常规基本定式和定式量的范围，也包括用漂、用钩、用饵、脑线的常规基本定式和选用范围。

此外，经过规律性的总结，垂钓也有鱼情、水情不同时的典型范例和基本应对定式，在垂钓时会是单一定式或多种定式的运用，甚至会多种基本定式的交替运用。

垂钓时，针对鱼情、水情或钓位的变化，特别是针对窝中目标鱼有的吃灵、有的吃钝，钓底时会是钓大灵和钓大钝的交替运用，还会是钓底、钓浮的应变运用，这通常是应对鱼情变化、目标鱼吃口变化和掌控信号的需要。

因而，定式的运用是有限定前提条件的，需要适宜的水情、鱼情，当水情、鱼情不同时需要相对合理的应变，不能只追求单一定式。

常规的调钓定式，通常只是试口的调钓量，不是定律，要想达到正确的运用，需要一定的实钓经验，并会有着个人的经验之谈，均需要深刻领会地运用。

实现底钓下状态灵钝的基本方法

实现底钓下状态灵钝的前提条件

合理准确掌控底钓下状态的灵钝及变化，是底钓的重要技术内容，也是合理调漂的重要内容。

底钓，实现下状态灵钝的掌控：

首先，要使漂组在水中实现浮力与重力的平衡；

其次，通过水线的恰当延长实现底钓下状态的灵钝；

再次，需要借助基准点的比照作用，较准确实现下状态的灵钝。

（1）漂组要在水中实现浮力与重力的平衡

实现了浮力与重力的平衡后，可形成上下等量变化的对应关系。

①减重，浮漂会等量的增加出水体积；

②增重，浮漂会等量的增加入水体积。

据此，钓者可通过间接配重，据浮漂新增出水和新增入水量，判断和掌控落底量。

即形成：钓目灵，下状态灵；钓目钝，下状态钝。因而，可通过钓目的灵钝，判断和掌控下状态的灵钝。

底钓时，钓者是看不到水底的，也是看不到下状态灵钝的。当上下形成等量变化的对应关系后，钓者可通过上状态的变化量较准确地掌控下状态的灵钝。即，可实现“以上判断下、以上掌控下”。这需要通过完成浮力与重力平衡后实现上下等量变化的对应关系。

（2）通过水线的恰当延长实现底钓下状态的灵钝

实现了浮力与重力平衡后，可通过水线恰当地延长，实现下状态的灵或钝。

漂组在水中实现浮力与重力平衡后，最下端的钩饵是处于离底状态，而底钓需要钩饵的落底，这需要通过水线的恰当延长予以实现。在调漂配重中，属于通过间接配重予以实现，即通过合理分配落底重力量予以实现。

①底钓时，水线延长的越长，浮漂新增出水量越多（可至立漂平躺水面），下状态越钝。据此钓者可通过水线的延长和缩短，掌控钓目的灵钝，即掌控漂组在水中下状态的灵钝，这需要浮漂在钓线上能够移位和锁位。

②水线的延长量，是有限量的延长

通过水线的恰当延长，可实现下状态的最灵启动状态、不灵不钝状态和最钝状态。

铅坠的垂直轻触底，通常是底钓限定的最钝状态。水线的延长量，通常不能突破这个底线。突破了这个底线的延长量，会成为笨钓状态。

（3）需要借助基准点的作用比照下状态的灵钝

①带饵完成调目

浮力与重力平衡后，经延长水线，可通过钓目高于调目的量度，准确判断和掌控下状态的灵钝。即，钓目越高于调目，底钓下状态越钝，这需要以调目平衡点作为基准点进行比照。

②空钩完成调目

空钩完成调目后，底钓钓目的灵钝掌控，通常首先需要实现底钓最灵钓目，然后，将底钓最灵钓目作为基准点进行比照，钓目越高于最灵钓目，下状态越钝。

提示：

1. 底钓，需要对下状态的灵钝范围进行设定

浮钓，有浮钓水层同目标鱼所在水层相对应的技术要求，并有同目标吃口相适宜的技术要求。

底钓，有下状态同目标鱼的吃底及具体吃灵、吃钝相适宜的技术要求。因而，在底钓时需要对下状态的灵钝范围进行设定。

（1）会按照力学划定的下状态灵钝范围运用

即，钩饵轻落底——铅坠轻落底的范围。在野钓中，通常会运用到这个最大范围。

（2）会针对鱼情及经验划定下状态灵钝运用范围

钓者通常会是针对当时的鱼情、水情设定出实钓时下状态的灵钝范围。这个灵钝范围，会相对宽也会相对窄，也通常会是运用常规的下状态灵钝范围，还会是随机确定，通常是二者兼用，但会是以随机确定的范围为准。

底钓下状态灵钝范围的确定及其实现，如同浮钓水层的选择设定，需要结合鱼情、目标当时的吃口有针对性的运用。

鱼吃下状态的钝，就要运用启动状态的钝态；鱼吃下状态的灵，则要运用启动状态的灵态。这需要正确判断和经验总结，也需要相互交流，特别是在自然水域垂钓，鱼情多样且相对复杂，不能想当然。

2. 底钓，需要较准确实现下状态的灵钝

确定出了实钓时下状态的灵钝范围后，还需要掌握实现底钓下状态灵钝不同的方法，并需要做到能够熟练的实现。

实现底钓下状态最灵启动的基本方法

实现了底钓最灵启动下状态，也就实现了底钓下状态的最灵点，也就实现了底钓最灵钓目。这是因为，底钓钓目的灵钝是由下状态的灵钝决定。即，下状态灵，钓目灵；下状态钝，钓目钝；下状态不灵不钝，钓目不灵不钝。

1. 带饵完成调目后的实现方法

具体方法是：以调目平衡点作为基准点，经延长水线，当钓目略多于（略高于）调目时，表明实现了底钓下状态的最灵点。

主要特点是：

（1）运用上下的对应关系

上端新增出水多，下端相应落底多；上端新增出水体积相对少，表明落底量也相对少、相对轻。

因而，这个底钓最灵钓目通常不需专门寻找。只要知道了“钓目略高于调目，表明实现了底钓最灵钓目”，也表明：

①实现了轻找底；

②实现了钓底；

③实现了下状态灵钝变化的起点；

④实现了底钓与浮钓的转换点。

例如，带饵调 2 目，钓 2.1 目，表明实现了底钓最灵钓目，也表明实现了轻找底。

如果将 2 目设定为底钓最灵钓目，带饵完成的调目则需要是 1.9 目。当钓 2 目时，钩饵是相当于 0.1 目重力量的落底。

（2）钓目灵钝，与新增出水量有关

新增出水体积越多，下状态越钝。

（3）不必专门精确轻找底

实现了底钓最灵钓目，也就实现了轻找底。

（4）方法简单

最灵钓目易准确实现，易记于心，易心中有数。当钓目量较多高于调目时，可知未实现和未运用底钓最灵钓目。

（5）钓目，通常不能低于调目

除非垂钓时又增重了饵重，特别是采用双钩饵时，上饵的增重会使得钓目变少，这实际上是变化了带饵的调目量。

采用单脑线单钩，且是空钩完成调目，通常会是参照这个带饵完成调目实现底钓最灵钓目的方法。用饵轻，实现下状态最灵点会相对准确；用饵较重，通常需要带饵完成调目。

2. 空钩完成调目的的实现方法

第一个方法：

空钩完成调目后，再带饵得到带饵调目，然后，运用带饵完成调目的方法，实现底钓下状态的最灵点。采用双脑线双钩饵，是下钩饵的轻落底。

（1）得到带饵调目后，可心中已知底钓时的最灵钓目，不必直接实现最灵钓目。

（2）两个调目差，通常就是饵重所用目量，可以此法测出饵重所用目量。

（3）调目较低，饵重过重，会成为实际上的调负目，浮漂会沉入水中，这通常需要通过空钩调高目解决。但钓大鱼时，也会运用这样的调负目。

（4）实际垂钓时，每次上饵的饵重是难以准确稳定一致的，通常是大体准确，钓者需心中有数。

第二个方法：

空钩完成调目后，运用实现底钓最灵钓目的常规基本定式，实现底钓下状态的最灵点。

采用双脑线双钩，且空钩完成调目后，实现底钓最灵钓目，通常有着一定的难度，但会有着相对定式的调钓搭配供新手学习和运用。

浮漂大小相对合理和用饵轻重常规，通常会运用调 3 钓 1、调 3 钓 2、调 4 钓 3、调 4 钓 2、调 5 钓 3 的基本定式，实现底钓下状态最灵点。

（1）这通常是有经验的调钓者针对所用饵重、常规鱼情、所需观察量，总结交流后确定下来的实现底钓最灵钓目的常规基本定式，有相对的合理性，也有一定的局限性，通常也会用于教学中的传授范例。

（2）空钩完成调目，实现底钓最灵钓目的核心要求是：调钓搭配量要与所用饵重及所需落底量相匹配。

如果运用调 3 钓 1、调 4 钓 2 的调钓搭配实现底钓最灵钓目，需要饵重是 2.1 目；如果运用调 3 钓 2、调 4 钓 3 的调钓搭配实现底钓最灵钓目，则需要饵重是 1.1 目。

如果饵重超重较多，已不是下钩饵的垂直轻落底；如果饵重过轻，通常实现不了定式的调钓差量。不了解这个道理的新手，在运用实现底钓最灵钓目的常规基本定式、且用饵过轻时，通常会是找不准轻底。

（3）实现底钓最灵钓目的常规基本定式，有着力学的限定。

特点是：钓饵越重，调钓的差量越大；钓饵越轻，调钓的差量越小。

例如，调 8 钓 2，且是要实现钩饵的轻落底，饵重则要是 6.1 目。6 目用于承担饵重，0.1 目用于落底，剩下的 2 目用于出水。

这也是当饵大且重时，通常需要调高目的原因之一。即，调目要预留有实现最灵钓目承担饵重的目数，也要预留有少许落底量，还需要预留有最灵钓目时的出水量。

第三个方法：

空钩完成调目后，带上钓饵使得钓目低于调目平衡点。

低于量，需要针对饵重所需目量和所需落底量的估算掌控。这通常是大体实现了下状态的最灵点，准确度全凭个人经验，这通常是有经验调钓者的运用。

空钩完成调目，装上钓饵，经水线的恰当延长，当钓目低于调目的量度达到：饵重所用目量减去少许落底量时，表明实现了底钓最灵钓目，也表明实现了轻找底。

这需要知道或估算到饵重所用目量。例如，饵重是 2.1 目，且将 2 目设定为初步钓目，调目则需要调成 4 目。即，调 4 钓 2。道理是：2 目承担饵重，0.1 目重力落底，剩下的 2 目用于出水。

这种情况通常是实现不了钓 1 目。原因是已无重力（忽略水线的增重）将浮漂水面体积继续下压入水，只能是钓到 2 目时是实现了底钓最灵钓目。

实现了底钓最灵钓目后，如果缩短水线，可将 0.1 目的落底重力提起，成为钓浮。饵重不变，从力学上讲，此情况的钓浮最低只能钓到 1.9 目。

另外，如果饵重只能是1目的入水量，是实现不了调4钓2的。即当用饵轻时，是实现不了任意的钓低。如果使用的是小拉饵，用饵更轻，钓低量则更是有限。从力学限定上，是实现不了调4钓2的，除非增加饵重。

如果饵重是1.1目，调4目后，实现底钓下状态最灵点时则是钓3目，即，调4钓3。道理是1目承担饵重，0.1目落底，3目出水。如果缩短水线试图继续钓低，则会是钓浮。

提示：

1. 带饵选择的调目，有利于实现轻找底

将带饵调目平衡点作为基准点，进行水线的恰当延长，只要钓目略高于调目平衡点，表明已实现了轻找底。采用单脑线单钩、空钩完成调目，也会是运用此规则空钩实现轻找底。

（1）实现了轻找底，也就实现了底钓的最灵钓目

也就测出了钓点水深，这不仅便于把握住底钓下状态的灵钝，也有利于掌控浮钓水层的高低。浮钓水层的高低，通常需要水线长度同水深之比进行比较。

（2）将此规则熟练于心，可不必完成轻找底的步骤

即，可直接选择所需要的底钓试口钓目，减少操作程序。学习垂钓及调漂，通常均需要知道这个轻找底的基本方法。当钓点水很深，也可先采用“笨找底”的办法测水深。自学者，通常会是“笨找钓”和“笨钓底”。

2. 了解此规则，可利于空钩调目后的轻找底

空钩调目后的轻找底，是简化方法。了解带饵调目后的轻找底方法，可利于理解和掌握空钩调目后轻找底的具体方法。

3. 带饵完成调目的主要优点

（1）可快捷准确地实现底钓最灵钓目

可按照钓目略高于调目，表明实现了钩饵轻落底的规则，准确地实现最灵钓目，这通常是初学者需要了解的。

（2）可对底钓最灵钓目胸有成竹

①无论是否完成最灵钓目，可对轻找底点心知肚明；

②可对底钓时的钓目灵钝，心中有数；

③可对底钓与浮钓间的相互转换，心中有数。

（3）方法简单且相对准确

带饵完成调目后，实现钩饵的轻落底，方法相对简单准确易记，可是采用单脑线单钩饵或双脑线双钩饵的配置。

4. 空钩完成调目，实现底钓最灵钓目的难度相对大

特别是采用双脑线双钩饵（一高一低），且是空钩选择的调目，通常不易实现轻找底，主要原因是没有基准点的比照和上钩饵的重力量会造成较大的误差。

钓者如果对饵重所造成的浮漂入水目量，心中有数，且对分配落底量心中有数，也可实现轻找底，这通常需要经验积累，也会心中借助着带饵调目平衡点的基准点作用，或有着相对的经验定式。

只是钓底，通常不需要底钓最灵钓目的十分精准，下钩饵的落底可是略重些，先确保是钓底。上钩饵落底的轻重和准确度，通常更是大体的把握，这是因为钓目的合理性主要是以合理的出现信号为准。

参加池钓赛时，有时需要精准的抓小口，如果找不准轻底，会影响到底钓钓目准确度和浮钓与底钓的转换，微小动作会被“埋口”，

最终会影响到上鱼率。野钓，当鱼口弱且无小杂鱼闹漂时，也是需要精准地抓小口。

5. 空钩完成调目，能够实现底钓最灵钓目主要原因

（1）主要是饵重所用目量和分配落底量的合理

空钩完成调目后，实现底钓最灵钓目，需要饵重所用目量是：饵重略大于调目与钓目的差量。“略大于”，用于轻落底。

例如，调 3 钓 1，是 2 目的调钓差，要想实现底钓最灵钓目，所用饵重要是 2.1 目的重力量，0.1 目的重力用于落底。

（2）也是调钓者能够熟练运用的结果

①调钓者，对饵重所用目量和所需落底量心中有数。通常是针对常规鱼情，使用常用浮漂、常用饵重和常用最灵钓目的经验积累。

②调钓者，也通常是心中运用着带饵完成调目实现底钓最灵钓目的方法。

初学者，对底钓最灵钓目的准确实现会心中无底，通常还需要对饵重、所需落底量同浮漂新增入水目数进行换算，这会是由简变繁。

③调钓者，也是能够大体试钓出最灵钓目。通常先是调几钓几，确保是钓底，当需要最灵钓目时，会逐步缩短水线。

饵大且重，缩短量相对大；饵小且轻，会是少许的逐步缩短。当缩短水线后，钓目不再减少，表明已是钓浮，再逐步少许增长水线；当钓目有所增多，通常表明大体实现了底钓最灵钓目。

实现底钓下状态最钝状态的基本方法

实现底钓下状态最钝状态，通常是指实现铅坠以点轻触底的下状态，立坠是垂直轻落底、脑线的全部卧底状态，即底线状态。

第一个方法：

脑线长度，同漂尾长度相等的实现方法。这通常是，漂尾相对短的运用。

（1）基本程序

第一步，使得脑线长度同漂尾长度相等。通常是脑线长度 + 钓钩长度 = 漂尾长度，采用双脑线双钩时，是长脑线同漂尾长度相等。

第二步，调平水。当所用浮漂排水克数有所小于目标鱼吃口力克数时，通常是调平水。

第三步，延长水线，使得漂尾全部出水。这通常表明铅坠已是轻触底。如果是漂身有所出水，下状态会更钝。

（2）主要特点

①上大钝，下也大钝

钓全目时（钓最高目时），实现了钓大钝状态（铅坠轻触底状态）。上大钝，下也是大钝。

②有上下对应关系

垂钓时，浮漂出水量少，下状态灵；浮漂出水量越多，下状态越钝。即，钓低，为灵；钓高，为钝。

这不仅运用了浮力与重力平衡原理促成了上下状态的对应变化关系，也运用了上下长度等量的对应变化关系。

③易把握灵钝运用最大范围

钓目灵钝，运用最大范围是漂尾长度的范围，也就是脑线长度 + 钓钩长度的范围。漂尾短，脑线也相应短。

第二个方法：

脑线长度，同调目时漂尾水中段相等的实现方法。这通常是漂尾较长的运用。

（1）基本程序

第一步，使脑线长度，同既定调目时漂尾水中段的长度相等。通常是脑线长度 + 钓钩长度 = 调目时漂尾水中段长度。

第二步，实现既定调目数。调目，通常不是过高。

第三步，延长水线，使得漂尾全部出水。此时，铅坠通常是轻落底状态。

（2）主要特点

①也是运用了“上下长度等量”对应变化关系

即，运用了脑线长度 + 钓钩长度同调目时漂尾水中段长度相等的对应变化关系，前提是运用了浮力与重力平衡原理。

②也是运用了调目基准点的作用

钓目，越高于调目，下状态越钝。漂尾全部出水，通常表明底钓时的铅坠是轻落底。

③可钓灵的运用

带饵完成调目，当钓目略高于调目，表明是钓大灵。

空钩完成调目，如果要实现底钓最灵钓目，需要运用好饵重所需目量与所需落底量的关系。

第三个方法：

无钩完成调目的实现方法。无钩完成调目，实现铅坠的轻触底，通常属于主钓大钝的运用。在自然水域底钓密度低的大鱼时，且是使用长竿或超长竿钓组时，通常会运用到此方法主钓滑口的大鱼，以稳抓死口，脑线通常相对短。

（1）基本程序

第一步，在无钩的情况下，完成调目。无钩，即铅坠临时成为漂组的最下端。

第二步，以调目平衡点作为基准点，延长水线，使得钓目略高于调目。此时，通常表明实现了铅坠的轻触底。在完成调目时，铅坠下端如有连接环，连接环会是轻触底。

（2）主要特点

①以钓大钝为主

此方法通常主要是运用这个下状态进行垂钓。再钝，铅坠会是呈垂直重落底、倾斜重落底、重卧底状态。

铅坠的重落底，属于笨钓。运用笨钓，通常是主钓大猾鱼的需要，也具有一定的抗风浪作用，属于借用了无漂钓组的钓底下状态。当此状态与鱼情相对应时，也会有着较好的效果。

②调目可相对调低

调低目后，钓目会是钓低（略高于调目），会形成“上灵下钝”的状况。外行者，会看不明白是在钓大钝。

需要注意：

一是，调目是无钩完成的，带上钩饵后会是实际上的调负目，但由于主要是运用铅坠的轻重落底主抓死口，通常是有意不顾及钩饵的轻重，浮漂、钓钩的使用也会有所偏大。

二是，铅坠轻落底时，脑线如果过长，也为笨钓。因而，运用这个方法，脑线通常是相对短，通常只是五指宽的长度。

这通常说是，“钓大钝，脑线短，钝也灵”。这个灵与脑线垂直和弯曲的灵，不是一个层次，是以脑线短的灵弥补下状态的钝。

此外，水中有水草等易挂钩时，通常也需要脑线的相对短，且通常会是单脑线单钩的配置。

三是，采用手竿垂钓，因鱼情的需要也会借用笨钓的办法。在采用无漂钓组和有漂钓组同时垂钓大鱼时，有时鱼儿只咬无漂钓组的钩饵，这除了与用钩、用饵、钓点远近有关外，通常也表明此时鱼儿是爱吃大钝状态。

提示：

1.这三种方法，均需要完成调目

完成了调目，可运用基准点的作用，可相对准确实现铅坠的轻触底。在垂钓密度小、体型相对大的猾鱼时，野钓通常会运用到铅坠的轻触底状态逮小死口，这需要能够准确掌握铅坠的轻触底。

外行者，会采用铅坠重大于浮漂排水克数的办法，这通常实现不了铅坠的轻落底。针对鱼情需要，内行也会运用到笨钓，但铅坠的超重，通常是有着合理量度的运用。

门外汉，会将自学的笨钓，说是传统钓，属于不在行。内行运用笨钓，不是人笨，而是应对野钓鱼情的需要。

2.这三种办法各有特点，主要是野钓的运用

这三种办法，通常是应对特殊鱼情、水情、天情的运用，大多是与长钓竿的相匹配，通常是慢泡大鱼。

池钓赛，因人为鱼情的特殊性和养殖鱼吃口的特殊性，通常不会采用铅坠轻落底的垂钓。但当鱼大且少又猾时，也会运用到钓大钝，甚至会运用笨钓。

钓底时下状态的灵钝运用，要同鱼情相匹配，不是越灵越好，也不是越钝越好，需要“因地制宜”、“对症下药”。

3. 实现下状态灵钝的方法有多种

实现下状态的灵钝，钓鱼人有着多种方法，但万变不离其宗，原理是相通的，主要是运用了上下的对应关系。掌握了基本原理，可不拘泥于常规的基本方法，可针对鱼情的不同，对不同方法进行变化的运用。方法简节、有效为好。

钓鱼人，通常不刻意准确实现力学上的底钓下状态最钝点。正常调钓后，会是通过加大延长水线，钓大钝或笨钓死口。立漂会是漂身有所出水或倾斜式的立于水面，这要求脑线长度合理，这通常是适宜天情、水情、鱼情的需要，无论上下状态如何，能够钓上鱼为好，特别是钓大鱼。

实现底钓下状态灵钝的主要作用

1. 实现下状态启动灵后

（1）可易于掌控钓目的灵钝变化

实现底钓最灵钓目后，可将最灵钓目作为基准目，作为灵钝起始点，起初可单向的向钝变化。即，钓目越高于最灵钓目，钓目越钝。这有利于据此，掌控钓目和下状态的灵钝及变化量。

（2）可随机确定最钝钓目

由最灵钓目向钝变化到一定的钓目量后，当造成了漂信由快变慢，真口信号表现已是相当迟钝时，这时的这个钓目通常定为实钓时的最钝钓目，也就是定为了实钓时的最钝下状态。

如果经常是这样，这个钓目，可作为这种鱼情时的常规最钝钓目。钓者可据此，直接运用实钓时的不灵不钝钓目。

（3）可随机确定最佳钓目

经对最灵钓目或初步试口钓目的调校，当真口信号是相对的“及时、合理、真实、稳定”时，通常为相对完美的最佳钓目。

调漂的目的之一，是要努力实现或接近这个最理想的钓目。这个最佳钓目，通常需要随机确定，有着一定的变数，会短时是最灵钓目，也会短时是不灵不钝钓目或最钝钓目。

需要注意：

一是，底钓最灵钓目，会作为初步的试口钓目，通常不是最佳钓目。新手通常会将最灵钓目，当作最佳钓目，也会将有动作能够中鱼当作最灵钓目，二者有区别，也会短时的相重叠。

底钓最灵钓目，是力学上的区分，具体是下状态启动灵的区分。当钩饵轻落底时（双钩饵是下钩饵的轻落底时），最接近钩饵的离底，为底钓下状态的最灵启动状态，也就是底钓最灵钓目。

二是，只是单纯的钓底，通常不要求下状态最灵点的十分精准。出现误差，有经验的钓者可通过浮漂信号表现进行校正。

有经验的调钓者，通常对实现底钓下状态最灵点心中有数，心中有着大体的基准点作比照，试口钓目通常不直接运用最灵钓目。因而，经验老到的钓手，通常均是空钩完成调目，能够大体知道底钓时的最灵钓目，并能够确保是在钓底。

三是，常规试口调钓定式和实现底钓最灵钓目的常规调钓定式，会是相同的调钓量，但因饵重的匹配或不匹配，二者下状态的灵钝不同，钓者需心中有数，各有所用。

四是，实现下钩饵的轻落底，是实现漂信灵敏的力学要求之一。如果虚假口较多，会是相对的钓高，以利于真口信号的出现，这通常难以一次性定准，需要不断的校正。

即通过常规定式实现的最灵钓目，在垂钓过程中通常不会是始终如一的钓目，通常不能将试口的定式钓目，作为万能钓目的运用。调 4 钓 2 的钓 2 目，通常只是初步的试口钓目。

五是，底钓时，通常需要知道最灵钓目，也需要根据目标鱼吃口情况大体确定出实钓时的最钝钓目。

实钓时的最钝钓目，可凭经验提前设定，也可是随机确定，有经验的钓鱼人，通常是以随机确定为准。确定了最灵和实钓时的最钝钓目，也就得出了不灵不钝钓目。最灵钓目——实钓时的最钝钓目，二者之间的二分之一点，为不灵不钝钓目。

六是，由于空钩调目平衡点，不能作为实现底钓最灵钓目的参照基准点，初学者通常首先需要掌握带饵实现底钓最灵钓目的方法。只有实现了最灵钓目，才能以最灵钓目平衡点作为基准点，准确掌控底钓下状态的灵钝。

七是，同一支浮漂，调 3 钓 1、调 4 钓 2、调 5 钓 3，调钓的差量均是 2 目，如果饵重所用目量，均是 2.1 目，下状态均会是实现了最灵点。所不同的是调钓不同，当目标鱼吃口好时通常无关紧要，但当目标鱼吃口力差异明显时，漂信会有着明显的不同表现。

在鲫鱼是常规吃口力的情况下，浮漂的大小选用合理后，调 5 钓 3 会相对灵敏（预警信号相对早），调 4 钓 2 择中，调 3 钓 1 会相对迟钝（预警信号相对少且小），这需要有选择地运用这三个调钓定式。

因而，调钓要针对目标鱼吃口力大小和有利真口信号需要，选用好浮漂的排水克数（浮漂的大小）和拿捏好调钓搭配量。此外，只是钓目不同时，表达的是下状态的灵钝不同。

八是，底钓时，钓目低于调目，通常表明钓者是采用了空钩完成调目的方法。

九是，熟练了调漂门道，且心中已能够把握住下状态灵钝的钓鱼人，通常会是空钩完成调目，并通常会是运用空钩完成调目的方法进行传承，因而调目的交流，通常表达的是空钩完成的调目。

十是，实现了底钓最灵钓目，可以双钩距高度与浮漂新增出水体积的同等高度，大体把握上钩饵的轻落底。

2. 实现下状态启动钝后

（1）可应对猾口鱼

针对吃口猾或针对警觉性高、吃口小心的大鱼，底钓时会运用下状态的启动钝，这可利于稳抓真口，这也通常是鱼少、鱼吃口慢时的野钓运用。

（2）可应对小杂鱼的闹漂

下状态启动钝，可减少减弱浮漂的动态灵，稳抓真口，这通常是应对小杂鱼闹漂难以辨别真假口的方法之一。

（3）可应对小风小浪

下状态启动钝，漂组在水中的稳定性相对高，可应对小风小浪造成走漂、移位的问题。

运用下状态的灵或钝，均是有着技术意图的，这需要针对不同鱼情的运用，其合理性需要经验总结，并需要能够随机运用。

第八讲 调漂设计及调漂操作

调漂设计

1.设定的主要步骤

第一步，对目标鱼的吃口情况进行估判。实钓调漂时，先要对目标鱼吃口情况进行大体的估判，这包括对目标鱼的开口情况、吃口力的强弱，生口还是猾口等具体内容的估判。

这通常是凭借以往经验进行大体的估判，也会是通过试钓测试。

第二步，有针对性地进行相关设定。据对鱼情及目标鱼吃口情况的估判，进行与调漂效果相关内容的设定。

第三步，设定调目和初步的试口钓目。

2.调漂设定的相关内容

（1）设定浮漂的选用

浮漂选用的是否合理，直接关系到调漂效果。如果浮漂选用出现了失误，类型或型号不符，尽管调钓是正确的，调钓的效果也会大打折扣。

①需要选用浮漂的大小性能

浮漂的大小设定，也就是浮漂在水中的最大稳定力、浮漂的排水克数，要同估判的目标鱼吃口力克数相匹配。

即浮漂在水中的最大稳定力要有所小于目标鱼的吃口力，使得鱼初始咬钩时漂组在水中能够得到启动且动态量不是过大。当鱼口轻时，浮漂的排水克数或体积相对要小，反之相反。

②需要选用浮漂的直径性能

浮漂的体积大小，关系到浮漂在水中最大稳定力的灵钝，也关系到浮漂在水中运行的灵钝，而浮漂直径的大小影响浮漂在水中运行的灵钝，也影响漂信效果。因而，也需要选用浮漂直径的相对合理。当鱼口轻时，浮漂的直径需要相对小，反之相反。

③需要选用浮漂的漂尾性能

浮漂出水体积的粗细、轻重不同，在入水时有着灵钝不同，调漂只能在浮漂出水量方面进行相对合理的预留设定，因而也需要对立漂漂尾的灵钝性能进行相对合理地选择。

漂尾细，入水灵，反之相反。这通常要从有利于真口的需要和从利于观察的需要进行相对合理地选择，不是越细越好，有时也需要粗漂尾的性能把握目标鱼的真口。

④需要选用浮漂的材质和空芯性能

浮漂间的体积相同，因材质和空芯度的不同，浮漂的自重会不同和承载量会不同（通常说是“吃铅量”不同），漂信的灵钝也会有所不同。这关系到调钓的设定量，也关系到相对合理的掌控信号问题，因而也需注重浮漂材质和空芯度同目标鱼吃口的匹配性。

（2）设定钓法的选择

调漂的重要作用之一是，合理实现钓法，并要为钓法的合理实现设定相对合理的调钓量，这需要先确定出相对合理的钓法。当结合鱼情设定了所需钓法后，才会结合鱼情和钓法等进行调漂，这包括结合鱼情和钓法的选用浮漂。

（3）设定脑线和钩饵的选用

调漂的另一重要作用是，努力实现信号的相对合理，这也与脑线和用钩、用饵的灵钝选用有关，这也需要结合对目标鱼吃口的估判，进行相对合理地选择。该灵，则灵；该钝，则钝。

3. 设定调目量

（1）调目，需要同浮漂的合理选用相匹配

①当浮漂的大小选用相对合理时（浮漂排水克数有所小于目标鱼吃口力时），通常会是调低目；

②当浮漂选用相对大了，通常会是相对调高目。

（2）调目，需要同目标鱼吃口情况相匹配

①目标鱼吃口重，通常会是调低目；

②目标鱼吃口轻，通常会是相对调高目。

（3）调目，需要同钓法的选择相匹配

①底钓，通常会是调低目也会是调高目；

②浮钓，钓大鱼时通常会是调高目，钓小鱼时通常会是调低目；

③专钓行程，通常会是调低目（可利于运用漂尾下行过程中出现的信号，观察鱼的截口）。

（4）调目，需要同常规鱼情相匹配

①鱼情常规，通常会是调低目；

②鱼情非常规，通常会是调高目，也会是有所调负目。

（5）调目，需要同用饵的大小相匹配

①钓饵小且轻，通常会是调低目；

②钓饵大且重，通常会是调高目。

（6）调目，需要同钓钩的大小相匹配

①钓钩小而轻，通常会是调低目；

②钓钩大而重，通常会是调高目。

（7）调目，需要同钓点远近相匹配

①钓点近，通常会是调低目；

②钓点远，通常会是调高目。

（8）调目，需要同钓点水深相匹配

①钓点水深，通常会是调低目；

②钓点水浅，通常会是调高目。

（9）调目，需要利于初步钓目的实现

①需要利于初步钓目，是1—3目的实现；

②需要利于初步钓目，是偏钓灵的实现；

③需要利于初步钓目，是常规试口钓目的实现；

④需要利于初步钓目，是最灵钓目的实现；

⑤需要利于初步钓目，是最钝钓目的实现；

⑥需要利于初步钓目，是非常规试口钓目的实现。

（10）调目，需要同初步钓目进行合理搭配

在调目设定时，通常同时设定出了初步的试口钓目，并且设定

出了调目与初步钓目的搭配量。

底钓，带饵完成调目：

①会是调钓钓低的搭配

调目低、钓目有所高于调目，浮漂出水少，这通常是常规试口的调钓搭配，属于调钝钓偏灵的运用。

②会是调低钓高的搭配

调目低、钓目较多高于调目，属于调钝钓偏钝的运用。

③会是调高钓低的搭配

调目较高，钓目略高于调目，属于调灵钓灵的运用。

④会是调高钓高的搭配

调目较高，钓目较多高于调目，浮漂出水多，属于调灵钓钝的运用。

底钓，双钩空钩完成调目：

①会是调低钓低的搭配（调目低，钓目低于调目）

这通常是常规试口的调钓搭配，属于调钝钓灵的运用，钓目可以达到最灵下状态。

②会是调几钓几的搭配（钓目量等于调目量）

调高，为调灵；调低，为调钝；饵轻，为钓灵；饵较重，为钓偏钝。

③会是调低钓高的搭配（调目低，钓目较多高于调目）这属于调钝钓钝的运用。

④会是调高钓低的搭配（调目相对高，钓目低于调目）这属于调灵钓灵的运用，钓目可以达到最灵下状态。

⑤会是调高钓高的搭配（调目相对高，钓目较多高于高目）。这属于调灵钓钝的运用。

需要注意：

一是，调目与钓目的搭配运用，需要知道：调目是调高为灵、调低为钝；钓目是钓低为灵、钓高为钝。钓目钓得越高越钝，最低钓目时是实现了下状态的最灵点。

调目灵钝的区分，是浮漂实际排水量的区分，也是配重多少的区分，实质上是浮漂在水中浮力与重力平衡稳定力大小的区分；底钓钓目的灵钝区分，是下端启动状态的灵钝区分。

调钓搭配的常规定式钓目，通常是初步的试口钓目，会在实钓中向灵或向钝的变化，以校正出相对合理的漂信。必要时，也会对调目进行修正。

二是，调目与钓目的搭配运用，需要同鱼情、水情相匹配，特别是要同目漂鱼吃口力相匹配。

会是运用常规的调钓定式，也会是运用个人习惯的应对定式，还会是运用应对特别鱼情、水情的定式等。其合理性，主要取决于同目标鱼吃口的匹配性。当目标鱼的吃口好且密度大时，调钓搭配通常不需要十分的严谨，不会调漂的也会钓上鱼。

4. 设定初步钓目量

调漂，通常是以调目为主的设计，钓目予以配合。但也会是先设定出来初步钓目，调目予以配合，即调目要为钓目的合理实现奠定可行的基础。这通常是常规定式初步钓目的运用，通常要求鱼情及目标鱼的吃口情况也是相对常规，具有一定的模式化。初步钓目，通常就是试口钓目、基准钓目。

浮钓初步钓目的常规设定：

（1）设定为钓低目

当需要运用浮漂小幅动态量掌控真口信号时，通常是钓低目，通常具体是钓1—3目。

（2）设定为钓高目

当需要通过浮漂运行量掌控真口信号时，通常相对钓高目，浮漂也通常是要相对大些。

底钓初步钓目的常规设定：

（1）设定为常规定式的初步钓目

立漂出水1—3目，通常为常规定式的初步钓目。这既符合掌控真口信号时水面体积的常规最多入水量，也利于浮漂动态量同水面进行对比观察。这通常需要浮漂大小选用的相对合理。当立漂的大小选用相对合理时：

①漂尾相对粗，通常设定为1—2目；

②漂尾相对细，通常设定为3目；

③近钓，通常设定为1—2目；

④较远钓，通常设定为3—4目；

⑤钓灵，通常设定为1—2目；

⑥偏钓灵，通常设定为3目；

⑦捕捉小信号，通常设定为1目；

⑧捕捉小弱信号，通常会设定为半目；

⑨捕捉有力信号，通常设定为2—3目；

⑩虚口信号相对多，需要放口，通常设定为3—4目。

（2）设定为不灵不钝的初步钓目

初步钓目，设定为不灵不钝钓目后：

①可向灵、向钝的双向变化。

②可确保是在钓底。通常是针对垂钓生口鱼的试口运用，也会是在不明鱼情时的试口运用。

（3）设定为最灵钓目

将最灵钓目，设定为初步试口钓目后：

①可通过浮漂的动态量，较准确地判断目标鱼的吃口力大小，并可判断用漂、调目、初步钓目同目标鱼吃口的匹配差。

②可便于把握向钝变化的量度。运用“钓目越高于最灵钓目，下状态越钝”的基本规则，将初步钓目向钝方向有量度的变化。

将底钓初步钓目设定为最灵钓目，通常是针对轻口鱼的运用，也通常会是池钓常规鱼情时试口钓目的运用，大多是确立基准目的运用。

提示：

1. 调漂，需要对目标鱼吃口力的估判相对靠谱

合理用漂及调漂的秘诀通常是：浮漂的选用及调目、钓目的设定，要同目标鱼的吃口力大小和吃口方式相匹配。

这是因为，不晓得目标鱼开口情况和吃口的强弱，会是无针对性、无分寸的用漂和调漂，会难以取得相对好的调漂效果。

这需要钓者首先具有预判目标鱼的吃口意识，并需要对目标鱼的吃口有一定的正确估判能力。当鱼吃口好时，调漂通常不需要十分的严谨，运用常规的调钓定式通常就可以应对。

（1）有经验者，通常是独自估判

具有判断经验积累者，凭借经验总结，通常能够对目标鱼的吃口情况进行相对正确的估判。在新的钓场，能够通过季节、气候、

空气湿度、风力、风向、气压、光照、地域、环境、水温、水质、水深、具体时间、钓场大小、钓点位置、鱼的食源、鱼的密度及对现场观察和了解钓场被钓情况等，相对正确估判出目标鱼是否开口和吃口强弱、狡猾程度等。

这也是相对合理选择钓位、钓法时所需要了解和预判的内容。这里有着对自然水域、精养塘、计天收费的鱼坑、池钓赛、室内池钓、冰洞钓等钓场鱼情及鱼吃口不同的判断经验。

这些钓场的鱼情及鱼的吃口情况，有着相通的一面，也有着不同的一面。季节、天气不同，鱼的吃口会不同。即使是在同一钓场，上午和下午或第二天，鱼的吃口情况，也会发生较大的变化。特别是计天收费的鱼坑，鱼或水坑通常会被消毒，鱼会不开口或开口很弱，也会只是一个时段的开口，这些都需要进行估判。

（2）初学者，需要向有经验者请教

初学者，通常对鱼情知识知之甚少，经验不足，认知不全，通常是只求请教怎样定式调漂，并会不问鱼情的定式调漂。

学习调漂定式相对容易，结合鱼情调漂则需要一定的功力。知道了结合鱼情调漂的道理，通常比知道了定式的调漂方法更为重要。

需要注意：

高手对目标鱼的吃口估判，也会有失误的时候，即会“钓歪了”。新手惧老手，老手惧高手，高手怕失手，高手通常也会同钓友进行判断交流，不会轻易自信的盲断。新手则通常是不知失手，或者是找不到失误的原因。

2. 调目的设定，要为初步钓目的实现奠定基础

调目、钓目的相对合理设定，离不开对目标鱼吃口力强弱的正

确估判，离不开浮漂选用的合理性，但也需要统筹兼顾，重点突出的同钓法、同目标鱼的吃口力相匹配。

在调目设定时，既要考虑调目量同目标鱼吃口力的匹配性，也要为钓目的合理实现，奠定可行的基础，要设定出能够实现初步钓目的调目。

调 3 目、调 4 目、调 5 目，通常均是为实现所需底钓初步钓目的常规调目。这通常是空钩选择的调目，也会是实现定式最灵钓目的调目量。

实现底钓最灵钓目，涉及到钓饵的轻重运用。采用空钩选择调目，钓饵的轻重关系到最灵钓目的实现，在调漂设计时需要一并考虑。

如果，饵重需用 6 目，底钓初步钓目设定为 2 目，且是设定为最灵钓目，空钩调目则需要调 8 目多一些。这样，才能确保底钓最灵钓目是钓 2 目。其道理是 6 目入水用于承担饵重，“多一些”用于落底，剩下的 2 目用于出水。

浮钓鲢鱼时，会是空钩调全目后的钓低目，这通常是漂尾承载钓饵的需要，当钓目自然平稳升高时，可得知粉饵的流失。

3. 设定调目时，也需要预判钓目应变量

因鱼吃口的变化，钓目在实钓中通常需要灵钝变化的进行应对，在调目设计时也通常需要予以考虑。

当预判钓目灵钝变化范围量小时，通常不需事先设计；当预判钓目需要灵钝变化范围量大时，甚至会变化到钓大钝时，在调目设计时通常需要留有余地的设定，要为钓目大范围的灵钝变化奠定可行的前提基础。

实钓调漂操作的基本流程

1. 空钩调漂操作基本流程

空钩调漂操作，是空钩完成了调目配重，之后带饵完成了钓目，这通常是调漂娴熟者的运用。

操作基本流程通常是：

第一步，使得漂组长度短于水深。

第二步，针对既定调目，装上大体量度的所需配铅。

如果是使用铅皮，铅皮的重力量要是有所多于调目的配重，以使得修剪后的配铅完整。

第三步，将漂组置于水中。

观察浮漂沉入水中的速度或浮漂静态后出水的目数，估算实现既定调目时所需配铅量的增减。

第四步，将漂组从水中提出。

进行配铅量的增减，直至漂组在水中实现了既定调目。

第五步，实现轻找底。

在钓钩上，装上钓饵，通过水线的恰当延长，直至实现底钓最灵钓目。实现了底钓最灵钓目，也就实现了轻找底。有经验者，通常是免去这一步骤。

第六步，实现初步钓目。

延长水线，直至实现所设定的初步钓目。如果底钓最灵钓目就是所设定的初步钓目，实现底钓最灵钓目后，即可直接开钓。

第七步，进行钓目的合理性变化。

针对目标鱼实际吃口和信号合理性的需要，通过水线的长短变化，随机调整钓目的灵钝。

这通常是垂钓中的调漂，通常只是钓目的应变，大多情况是以微调为主，钩饵的轻重变化也通常列入微调的内容。

2. 带饵调漂操作基本流程

带饵调漂操作，是调漂的最基本操作方法，通常适用于初学者，特点是带饵完成了调目和初步钓目。

具体操作流程（略），与空钩调漂操作基本流程的区别是带上钓饵进行铅坠的配重，即钓饵的重力量参与了调目配重。

提示：

1. 调漂操作首先要使得漂组短于水深

这需要具有大体判断水深的经验，对垂钓过的钓位、钓点，通常会心中有数。

（1）可通过水色、挺水植物、投石水声、地形等大体判断水深；

（2）也可观察其他钓手所用水线的长短，判断水深；

（3）还可运用“笨找底”的方法先大体测出水深；

（4）如果判断水浅，可将水线缩到最短。但实现初步钓目时，对水线延长量的增重需要心中有数。水位如果过浅，可使用星漂。

2. 可简化调漂操作程序

（1）完成调目后，可不必实现轻找底，直接实现所设定的初步钓目，这通常需要对底钓最灵钓目心中有底；

（2）对于已完成过的调目，可直接完成初步的钓目，必要时可对调目的配重进行复检。

第九讲　漂信及其掌控

漂　信

1. 漂信解释

漂信，是指因鱼咬钩，浮漂作出的多种动作信号。

浮漂本身不能做出动作信号，垂钓时浮漂做出的动作信号，需要是鱼的咬钩所造成。

因鱼体触动钓线，浮漂出现的动作信号，为无效信号；因鱼在钩饵处游动，再由水的波动造成浮漂出现的微弱动作，为讯号。通常表明钓点有鱼或表明鱼已入窝。因而，漂信通常是指鱼直接索饵时的信号。

漂信，也称漂相、漂语。漂相，是指信号的不同动作表现；漂语，是将不同动作的漂相作为信号语言的理解和运用。信号语言需要定式，但鱼咬钩时的信号语言，是相对的定式，不是格式化的定式，需要灵活的理解和运用。

2. 漂信在垂钓中的主要作用

（1）表明鱼的摄饵咬钩；

（2）判断鱼吃口轻重和开口大小，同时用于判断鱼的活性及水温、水中溶氧、气压等有关情况；

（3）判断真假口和把握提竿时机；

（4）判断鱼的吃口变化；

（5）判断鱼种及鱼种混杂情况；

（6）判断鱼体大小及鱼体大小混杂情况；

（7）判断钓点鱼密度及密度的变化；

（8）判断鱼所在水层；

（9）判断调钓和操作节奏的合理性；

（10）判断钓法和所用脑线、钓钩、钓饵、浮漂选用的合理性。

3. 漂信的类分

漂信，通常分为：浮漂静中出现的动作信号和浮漂动中出现的动作信号两类。

（1）静中出现的信号

浮漂静中出现的动作信号，主要是浮漂在静态时出现了动态的信号。即，浮漂在水中到位静态后，因鱼的就饵咬钩浮漂出现了信号动作。

垂钓时浮漂静中出现的信号动作，通常是垂钓时的刻意运用。主要是定位静态钓底、钓浮时的运用。

（2）动中出现的信号

浮漂动中出现的信号，主要是浮漂在水中到位运行过程中出现的异常信号。即，浮漂在水中到位前，因鱼的截饵咬钩，浮漂出现了到位运行异常的信号。

所谓异常，是浮漂出现了非正常的到位速度、到位方向、到位方式等。

浮漂动中出现的信号，在垂钓时会是无意中的运用、随机性的运用，也会是专钓行程时的有意运用，这通常需要钓点鱼的密度相对大，且鱼儿是有所争抢钓饵。

4.浮漂的常规信号

鱼就饵咬钩时，浮漂动作信号的表现是相对多样的，但有着常规动作信号。

（1）静中出现的常规信号

①在动态方向方面

主要是上行、下行和上下混合型，也会有向前、向后或向左、向右的侧移动作信号。

上行，也称上送、上顶、上升。

下行，也称下沉、下拉，并分有下顿、下挫、拉黑（闷漂）等。

浮漂的上行和下行信号，主要是同浮力与重力平衡的运用有关，也与鱼的吃口方式有关，并与用钩用饵的大小等有关，底钓时还与下状态的灵钝设定有关。

②在动态幅度和速度方面

主要分为：快慢和幅度大小的上行或下行。具体为大顶漂、大送漂、小顶漂、小送漂、快送漂、慢送漂、慢拉漂、快拉黑等。

浮漂的侧移信号，通常是缓慢的动作。上下混合型动作信号通常会是：上蹿下跳、小幅点动，颤动、先送后拉或是先拉后送等。

③在动态力度方面

主要是：缓慢动作和有力动作。有力动作，通常是有力的下顿、下拉，这通常会有着前期动作信号。突然的下拉通常少有，这通常是表明下状态过钝了或钓钩刺痛了鱼口腔，也会是鱼衔饵躲避其它鱼儿的抢食。

（2）动中出现的常规信号

①在浮漂到位前期

立漂，在水中主要是：翻身直立过程中的异常。通常是未按时翻身、翻身过慢，或即将直立时出现侧移，或直立后不下行等动作信号。

②在浮漂到位前中后期

立漂，在水中主要是有着：直立后下行过程中停止下行或改为上行，直立后下行过慢或下行突然过快、下滑等动作信号。

5. 造成漂信多样性的主要原因

漂信多样性的表现与多方面的因素有关，分有直接因素和间接因素。

（1）在鱼的直接因素方面

①同鱼种、鱼体大小及其混杂有关；

②同鱼的嘴形和食性、食源有关；

③同鱼的吃口轻重和开口大小有关；

④同鱼的吃口方式有关；

⑤同鱼的密度有关；

⑥同鱼所在水层有关；

⑦同鱼的活性有关；

⑧同鱼的饱饥度有关；

⑨同鱼的警觉性、狡猾度有关；

⑩同对鱼的喂养驯化有关。

（2）在气候和水情等间接影响因素方面

①与季节有关；

②与气候有关；

③与气温有关；

④与气压有关；

⑤与空气湿度有关；

⑥与风向、风力有关；

⑦与水深有关；

⑧与水温有关；

⑨与水质有关；

⑩与水流有关。

（3）在线组和调钓应对因素方面

①与脑线的粗细和长短有关；

②与钓钩的大小、钩条粗细和钩型有关；

③与钓饵味型、大小、软硬度、松散度或黏度有关；

④与活饵与死饵有关；

⑤与钓法有关；

⑥与调钓的灵钝有关；

⑦与浮钓水层的对应性有关；

⑧与底钓下状态的灵钝有关；

⑨与操作节奏的快慢有关；

⑩与诱钓的配合有关。

6. 漂信的合理性

垂钓时，最理想的漂信是：“及时、合理、真实、稳定”。

垂钓调漂，需要围绕着这八个字调漂。调漂时主观上是要尽可能的实现或接近这个目标。

（1）及时

①及时，是鱼索饵时或吞饵时，浮漂能够及时地做出动作反应。这会是真口信号，也会是真口的前期信号。

②及时，通常是指真口时的及时信号。这需要漂组的选用、调钓、用饵和钓法等相对合理，钓鱼人通常追求的是有动作就是真口的调钓。这通常需要无小杂鱼闹漂，目标鱼吃口相对好，也需要调钓的搭配同目标鱼吃口的匹配性。

（2）合理

即浮漂的动向、动速、动态量相对的合理。有时浮漂动态量小，为合理；有时浮漂动态量大为合理。有时上行信号，为合理；有时下行信号，为合理。核心是动向、动速、动态量或动频相对稳定且是真口。

（3）真实

即浮漂的动作信号，表明的是真口信号。底钓，会有着钓大灵或钓大钝时的真口信号；浮钓，会有着浮漂上行或下行时的真口信号，通常是以有稳定的真实漂相为好，这也需要调钓和相关方面的合理掌控。

（4）稳定

即漂相与真口的一致性是相对的稳定。这个稳定会是一时的，也会是保持一段时间。

当漂信出现乱象时，需要针对原因进行应对性的校正，使得信号相对稳定下来。大多情况是通过钓目的变化进行校正，有时也需通过钓饵、钓钩、脑线的变化等进行校正。如果鱼的密度高且鱼乱层、乱口了，会是难以通过调漂校正，通常只能是乱口中选真口，或加大饵的重底击，或减慢操作节奏，或移开钓点，必要时也可增大浮漂。

漂信掌控

1. 漂信掌控的主要内容

漂信的掌控，主要是从所用脑线、钓钩、钓饵、用漂、钓法、调钓灵钝和操作节奏的合理性等方面进行掌控，也会通过钓点和钓层变化等掌控漂信。

鱼情、水情和天情等通常不是钓鱼人所能够掌控的，只能是适应，只能是结合天情、水情、鱼情等进行相对合理的应对。

2. 从线组的合理性方面进行掌控

（1）通过所用浮漂掌控漂信

浮漂，是垂钓钓组中的独到钓件，有着特殊的功用。漂信的合理性，也需要通过浮漂本身的合理性予以保证。

①浮漂的类和型需要用对

类和型用对了，是能够出现合理动作信号的前提。

②浮漂的排水克数需要用对

鱼口轻弱时，浮漂排水克数相对小或体积相对小，才易出动作，这需要能够正确判断目标鱼的活性、吃口的强弱和开口的大小。

③浮漂的造型需要用对

浮漂造型关系到浮漂细节信号的表现，通常需要从浮漂直径的大小和长短预以把握，这也包括立漂漂尾直径和长短度的合理选用，这通常也需结合钓法和所需信号的快慢进行掌控。

（2）通过钓饵掌控

通过钓饵掌控漂信的门道相对多，通常会是取得良好收效的重要内容。

①钓饵味型需要对路

鱼爱吃之饵，浮漂才会有较多的动作信号。

②钓饵的大小、软硬度和状态需要相对合理

钓饵选用对了，如果大小或粉饵的软黏状态不对路，也会难以出现合理信号，会是虚假信号较多，甚至会难以出现信号。这通常是新手易出现的问题。

钓饵的大小、软硬和状态，需要灵活的运用。该大则大、该小则小，该软则软、该硬则硬，这需要经验的积累。既要适宜目标鱼的吃口，又要同钓钩的大小进行相对合理的配合，否则通常会是空竿连连。

小饵软饵，有利于鱼的吸入和出信号；大饵软饵，有利于诱钓和稳定真信号；大饵硬饵，通常有利于慢出真口，但当鱼口弱时浮漂会不出动作。

粉面饵，需要松散度或黏度的相对合理；拉饵，也需要拉丝度和饵团的大小相对合理；蚯蚓，也需要长短、粗细、挂钩方式的相对合理。

这些通常均是掌控漂信的重要细节内容，通常易被新手忽视。

当鱼吃口相对弱只吃软饵，而面饵被风干表皮时，鱼会不吃，饵过大且相对硬，鱼也会不吃。此外，粉面饵的味道过重，鱼也会不吃。

③需要针对不同鱼情运用不同钓饵的个性功用

钓饵的个性功用，通常是针对个性鱼情或鱼偏口时的运用，这对垂钓目标鱼和掌控真口动作，通常有着较好的效果。

北方野生的大鲤鱼，通常爱吃玉米，但一时会喜吃清淡的老玉米、生玉米、干玉米、大粒玉米，也会一时喜吃熟玉米、小粒玉米或发酵味玉米等，这与不同季节时鱼对酸碱（氨基酸）的需要和鱼的开口大小有关，这也需要针对具体用饵情况及所需真口漂信的灵钝，运用调钓的灵钝，这也包括快钓和慢钓的合理运用。养殖鱼，通常对其喂养饵料情有独钟。

（3）通过钓钩掌控

钓钩，要利于鱼的吞入，利于浮漂动作信号的合理出现，也要利于鱼的中钩，在钓钩的大小和钩型等方面需要恰到好处。

鱼小钩大，鱼会难以吞入，鱼会放弃或假动作信号频繁。鱼大钩小，易被鱼深入吞入，但也相对易被猾口鱼涮出，不利于及时反应猾口鱼的真口，也相对易脱钩。钓饵等用对了，如果钓钩使用不合理，也会不利表现真口号信号。

（4）通过脑线掌控

脑线，要有利于鱼的咬钩，利于浮漂信号的出现。当鱼吃口轻弱时，脑线过粗会不利于鱼的吞钩，鱼会因明显感知到脑线而吐钩，也会不利于浮漂及时准确地做出动作反应，这也包括主线的合理选用。

3. 从调钓方面进行掌控

垂钓，不仅需要通过漂信观察鱼的咬钩，更需要相对合理的掌控漂信，通常主要是要从调漂方面掌控漂信的相对合理性。

调漂，通常是指调目和钓目两项内容，通常是通过这两项内容的调漂，实现所需钓法和漂信的合理掌控。线组合理选用的内容，通常是掌控漂信的辅助性内容。

常规调漂：

首先，需要浮漂、线组选用的相对合理；

其次，需要调目量的相对合理；

再次，需要钓目的相对合理。

用漂、线组和调钓的相对合理，是同鱼情、水情及钓法匹配的相对合理，浮漂和线组的合理性是硬件上的前提基础，在具体调漂时主要是通过调目量和钓目量的合理性掌控漂信。

（1）通过调目的合理量进行掌控

通过调目的合理量掌控漂信，核心是通过漂组在水中的稳定力同目标鱼吃口力的相匹配，在垂钓中还需要漂组在水中状态（钓目）方面的配合。

（2）通过钓目的合理性进行掌控

实现调目后，在实施底钓的漂信掌控时，表面上主要是直接运用钓目的灵钝进行掌控。这是因为底钓时的钓目（漂组在水中的下状态），通常是直接关系到漂信合理性的主要因素，这也需要其它方面相对合理的运用。

底钓通过钓目掌控漂信，实质上是通过漂组在水中下状态启动灵钝方面同鱼吃口方式匹配性的掌控。漂组在水中整体稳定力的灵钝，已在用漂和调目时定性，用钩、用饵的灵钝也已在选用时定性。但必要时，也需进行调整。

垂钓时，底钓钓目的力学分工是反映和运用下状态的灵钝度，主要是运用调漂第三原理应对鱼的“吃状态”。鱼的“吃状态”，会是吃灵、吃钝、吃大钝。

需要注意的是，底钓运用下状态掌控漂信，需要调目量的合理配合，也需要用漂、用饵、用钩的配合，一味地只依靠钓目量的变化掌控漂信的合理性，效果会是有限的。

有时会是用钩、用饵或操作节奏方面存在问题，仅靠钓目的应对变化有时是难以从根本上解决问题的。合理的掌控漂信，需要“多兵种联合作战”，漂信的合理表现是相关因素协同作用的结果。

4. 从操作节奏方面进行掌控

垂钓时，操作节奏的快慢，也具有掌控漂信的作用。需要结合鱼情相对合理的运用。操作节奏该快则快，该慢则慢，需要随机应变，不断适应鱼情的变化。

（1）操作节奏快的运用

池钓赛，开赛之初垂钓小鲫鱼或高密度的生口鱼时，操作节奏通常需要快，以利于快诱快钓、多诱多钓、多出动作，主抓第一口，快上鱼。但如果过快，聚鱼过多，会造成高密度小鱼的乱层乱口，漂信会是杂乱无章，空竿连连。

快节奏的操作，也通常是竿坑在开钓之初快抢生口鱼的运用。野钓，会是快抢进窝后很快就要离去的鱼群，也会是垂钓小杂鱼的运用。

人工池塘喂养的生口鱼，如同散养的家鸡或喂养的观赏鱼，喂食时会是招之即来，蜂捅而至，已形成条件反射，易聚鱼也相对易留鱼。当鱼疯抢食时，会是前仆后继，需要快诱快钓、多出信号多钓鱼。当鱼醒悟后，会是小心翼翼的入窝，也会是避而远之或只吃非常状态的钩饵。

（2）操作节奏慢的运用

垂钓滑鱼且相对体大的鱼儿时，特别是垂钓野生的大鱼时，操作节奏通常需要相对的慢，以利于出现大鱼的吃口信号。如果快节奏的操作，大鱼会被吓跑，也会是越钓越小，欲速则不达，徒劳无功。通常需要判断是大鱼的真口信号时，才能提竿。

经人工喂养驯化的大鱼，生口时通常不惧怕快节奏的操作，对钓饵会当做喂食，争抢积极，但变滑后，会惧怕快节奏的操作，甚至会惧怕钩饵在水中的灵敏状态。

需要注意：

一是，猾口鱼和猾鱼不是一个概念。

猾口鱼，是鱼吃口猾，会是吃饵轻弱、吞吞吐吐、反复试饵验饵。

猾鱼，则通常是能够识别危险，警觉性高，不轻易开口、不轻易入窝，会与钓鱼人保持安全距离，会等待钓鱼人离去时才会入窝，也会乘钓鱼人不备时偷袭一口。

老滑鱼，会是退避三舍，稍有风吹草动，便会远离而去，宁饿不吃。野生的大鱼，之所以能够长成大鱼，通常是因为猾，不轻易吃生饵，这需要钓者具有猎钓意识的进行应对。

投放到自然水域中的养殖鱼，起初的警觉性不高，还会喜吃对其喂养过的饵料。

二是，钓快鱼有钓快鱼的方略，钓慢鱼有钓慢鱼的方略，钓小鱼有钓小鱼的方略，钓大鱼有钓大鱼的方略，通常不能相互替代，这也与漂信的合理掌控有关。

在池钓中，经常垂钓高密度小鲫鱼的钓手，会形成钓灵敏、高频操作和见动作就提竿的习惯。这会不习惯慢钓，耐不住鱼情的慢，把握不住鱼的进窝迹象，并会盲目的快节奏操作。

5. 从漂信表现原因方面进行掌控

从漂信表现原因方面掌控漂信，主要是通过漂信的不合理表现，判断相关方面的不合理性。然后，通过修正相关因素实现漂信的相对合理性，这通常是垂钓中的校正。

大多情况下是能够校正的，但有时也会是无可奈何，难见成效，主要原因通常是鱼的活性太差，通常鱼已是“准病态”，鱼在“心有余而力不足”的情况下勉强就饵。

这样的鱼，大多会停留在一个位置不动或上浮慢游，入窝后不积极索饵。这通常需要以小钩小饵且是鱼非常爱食的钓饵进行应对，并且需要用漂、脑线和调钓的合理应对。鱼只吸食碎粉饵，通常会有“泡”不咬钩，有动作不中钩，如同鲢鱼的滤食，难以掌控漂信。中钩的鱼，通常会是体能相对好的鱼。

（1）造成漂信过灵的主要原因

①可能是浮漂用小了，总体稳定力和运行水阻不够；

②可能是钓目或调目过灵了；

③可能是用饵过于饵松；

④可能是用钩过小；

⑤可能是小鱼争抢钓饵，衔饵、叼饵、闹漂。

（2）造成漂信动作过小的主要原因

①鱼活性弱，开口小、就饵轻。这与水温、气温、气温差、气压、水中溶氧量等有关，也会与水或鱼被消毒有关；

②可能是浮漂相对用大了；

③可能是钓目或调目相对钝了；

④可能是钓饵相对用钝了；

⑤可能是钓饵味型不对路了；

⑥可能是钓钩或脑线相对用钝了。

（3）造成信号极少的主要原因

①可能是水温、气温等不适宜；

②可能是钓点未聚住鱼；

③可能是鱼的密度小；

④可能是浮漂相对过大了；

⑤可能是调钓过钝了；

⑥可能是用钩、用饵过钝了或钓饵不对路了；

⑦可能是钓时不对；

⑧可能是鱼的活性低、开口弱。这与自然因素或人为因素有关，也会是二者同时具有。

（4）造成空竿较多的主要原因

①可能是浮漂过小了；

②可能是调钓过灵了；

③可能是钓饵不合适了，粉面饵会是大小或软黏度不合理了；

④可能是钓钩不合适了；

⑤可能是脑线不合适了；

⑥可能是鱼的吃口发生变化了；

⑦可能是操作节奏过快了；

⑧可能是目标鱼乱层、乱口了；

⑨可能是小鱼衔饵或钓点进入杂鱼了；

⑩提竿时机把握不准。

提竿时机把握不准的原因，大多情况是提竿时机过早了，也会是鱼的吃口不稳定，还会是调钓或用漂、用钩、用饵等存在问题。缓慢动作和有力动作，都可能是真口，有力的下顿和下拉，通常表明的是真口，但也会是虚假口。

提竿时机的合理把握，通常体现着钓者的成熟度。不仅体现着钓者对漂信的识别判断能力，也体现着钓者合理调漂、合理运用钩饵的能力，还体现着钓者对鱼情和目标鱼吃口的认知能力。

钓法、用漂、调漂和用钩、用饵等是否合理，有经验的钓鱼人通常能够通过漂信进行判断。

池钓生口鱼时，为加大诱钓合一的做窝量，会一时不在意空竿率。以续窝为主的操作，出现空竿属于正常。

（5）底钓，造成浮漂总是上行的主要原因

①可能是浮漂相对用大了；

②可能是调钓相对偏钝了；

③可能是钓饵相对大且黏硬了；

④可能是钓钩相对用大了；

⑤可能是水底有水草；

⑥可能水温是上热下凉，鱼俯视含饵后上浮；

⑦可能是鱼吃死口了；

⑧也会是钓者稳抓真口的有意运用，大多是小中选大的运用。

（6）底钓，造成浮漂总是被拉黑的主要原因

①可能是调目配重过钝了；

②可能是钓目过钝了，屏蔽了前期信号；

③可能是钓点处有斜彼；

④可能是鱼含钩后游动了；

⑤可能是大鱼咬钩了；

⑥也会是钓者稳抓真口的有意运用，通常是主钓大鱼的运用。

（7）造成浮漂有力下顿信号的主要原因

①与钓目灵敏有关；

②与用钩用饵相对偏灵有关；

③与鱼的加力吞饵有关；

④与钩尖刺痛鱼口腔有关；

⑤与鱼的吃口方式有关；

⑥这通常会是钓者的有意运用。浮钓、底钓均会运用，大多是底钓灵的运用。

6. 针对浮漂动作信号的应对掌控

（1）底钓，当虚假口动作较多时

①可尝试加钝钓目，必要时可加钝调目；

②可尝试加钝或减钝钓饵。粉面饵包括大小、软硬和松散度、黏度以及味型的变化，必要时可超常规的变化；

③可尝试加钝或减钝钓钩；

④可尝试减慢操作节奏；

⑤可尝试前后或左右的变化钓点；

⑥必要时，可尝试换为更钝或更灵一些的浮漂。

鱼开口小，通常需要更灵一些的浮漂。虚假口动作较多，可能只是一个原因造成的，也可能是有着多个原因。有经验的钓手，通常能够很快找到主要原因所在。也会是采取放口延时提竿时机、偏离钓点的办法应对，甚至会是钓大钝。

（2）底钓，当鱼有口浮漂动作少或动作小时

①可尝试加灵钓目，必要时加灵调目；

②可尝试加灵钓钩、脑线、钓饵或变化钓饵味型，野钓有时改用原生态饵会效果明显；

③可尝试配合运用逗钓技法；

④可尝试换更灵一些的浮漂。

鱼有口浮漂动作少或动作小，不仅与钓饵的对路性和窝饵量有关，还与鱼本身的活性和钓位等因素有关。浮漂动作小，如果是真口表现，仍属于漂信合理，需认真抓小口动作。

（3）浮钓，当虚假口动作较多时

①可延时提竿时机，主抓有力下行动作或稳上送动作；

②可增多或减少调钓目；

③可加钝或变灵钓饵；

④可加钝或变灵钓钩；

⑤可减慢操作节奏；

⑥可换更钝或更灵的浮漂，鱼大口重，通常是加钝浮漂。

7. 针对自然因素的应对掌控

（1）天凉水温低时

①浮漂的选用通常要对小；

②浮漂的大小相对合理时，通常相对调钝（相对调低，以调钝来平衡浮漂的灵）；

③浮漂有所偏大时，通常相对调灵（相对调高，以调灵来平衡浮漂的钝）；

④用钩、用饵相对小、脑线相对细。

水温相对过热时，通常也会是如此。

（2）气温气压水温常规时

通常是按照常规定式的用漂、用钩、用饵的灵钝和调钓的灵钝进行应对，且是要随当时天情、水情、鱼情的变化而变化。

高手，通常具有第六感，能够随时感知到鱼情和目标鱼的吃口变化，会钓的明白，校正及时。

针对自然因素掌控漂信，是因为天情、水情等影响着鱼的活性，核心还是要针对当天、当时的鱼情特别是目标鱼的开口和吃口情况掌控漂信。天情、水情的变化通常是影响鱼活性的主要因素，但也会有着多方面的人为因素影响。

提示：

1. 漂信的掌握需要经验积累

漂信的掌控，需要理论知识，但主要是需要经验总结，需要对多种鱼情时的漂信掌控有着自己的心得体会。

2. 漂信的掌控需要能够识别漂信的合理性

漂信，能够反映真口、假口、虚口、实口，轻口、重口，并能够反映前期预警信号，或不反映前期预警信号，钓者需要心中有数。

真口，分有着相对及时和相对不及时的真口。有时，相对及时的真口信号为合理的提竿时机；有时，相对不及时的真口信号为合理的提竿时机；有时，钓死口信号为相对合理的提竿时机。

这需要钓者能够区别开来，并需要钓者具有识别真口能力，具有正确把握提竿时机确保提竿中鱼的能力。参加池钓赛，通常是见“真口”就要提竿，但也需据鱼情而定，要确保中鱼效率。

3. 漂信的掌控与钓法有关

运用浮钓、底钓、钓行程这三种基本钓法，在漂信表现、真口识别及其漂信掌控方面，有着相同和不同的一面，需要有所区别的掌控。

4. 漂信的掌控也与鱼种等有关

当鱼种不同、鱼体大小不同、鱼的吃口轻重不同、鱼的开口大小不同、鱼的吃口快慢不同时，漂信的表现、真口的识别及其漂信的掌控也是有所区别。

此外，远钓、近钓或在流水、风浪中垂钓，对漂信也需要有所区别的掌控，漂信是该灵则灵，该钝则钝，有时会是需要钓大钝。

第十讲　垂钓选位及做窝

垂钓选位

垂钓选位，是相对合理地选择到垂钓时的钓位。

垂钓，需要相对合理地选择理想的钓时、钓场、钓位，这可奠定取得良好钓获的前提。当相对理想的出钓时间和钓场选定后，钓位的选择通常是要努力选择到有鱼且是鱼相对集中的位置。

首先，要选择区域段的合理性；

其次，要选择具体钓位的合理性；

再次，需要选择钓点远近、深浅的合理性。

这些也与钓时、钓场的合理性息息相关，通常需要结合起来为钓位的合理性奠定能够钓获的地位。

这通常还需要针对目标鱼种、鱼体大小及其习性等选择钓位，即钓什么鱼就要选择符合目标鱼活动区域段的钓位。

钓位的合理性通常不是孤立的合理，需要“天时、地利、人和”，如果出钓时间、所去钓场、鱼情等前提条件不好，钓位的好通常难以保证。

1.选位的主要作用

（1）可符合定位垂钓的基本要求；

（2）可选择到目标鱼集中活动的区位；

（3）可为做窝效果的取得，奠定良好基础；

（4）可利于钓到目标鱼和多钓到鱼；

（5）可利于方便垂钓操作，便于施展或减少干扰；

（6）可利于安全垂钓，避开电线等不安全险位。

钓位，只有选择的相对合理了，才能发挥出钓位的作用，才有可能取得良好的钓获，因而钓位不是想当然的随便选定，需要相关依据+经验的选择。

2.选位的常规依据

（1）依季节气候气温和风向风力选择；

（2）依钓场的大小和地形地貌选择；

（3）依目标鱼的习性、食性及进食时段的规律选择；

（4）依目标鱼所适宜的水温水深选择；

（5）依目标鱼所适宜的水中溶氧量选择；

（6）依目标鱼的食源地选择；

（7）依目标鱼的安全地选择；

（8）依目标鱼的越冬地选择；

（9）依目标鱼的繁殖地选择（需待鱼繁殖后钓）；

（10）依目标鱼的踪迹选择。

3. 选位的常规重点因素

选位，需要综合多方面因素的选择，但需要突出常规重点因素依据的选择。

（1）突出目标鱼的趋温性选择

淡水中的温水鱼为冷血动物，需要适宜的水温帮助其血液的正常循环。因而，温水鱼具有趋温性，通常会选择所适宜的水温区域活动。

适宜的水温，是保证温水鱼正常新陈代谢，活力充足的重要条件，可使鱼儿保持良好的活性，并在视觉、嗅觉、听觉、游动等方面表现灵敏。因而，钓位需要注重选择不同鱼种所适宜的水温。

水温相对低或水温相对高，鱼会开口小；水温过低，鱼会休眠或死亡；水温过高，鱼会蛰伏或死亡；水温冷热变化大，鱼会有着冷热变化的过渡适应时段。

水温不适宜，鱼的活性低、活动范围小、开口弱，甚至不游动不开口，这需要了解不同鱼种所适宜的水温范围等相关知识以及钓场和钓位区域段的水温情况。

①深水通常水温低

水越深，深底层水温通常越寒凉，特别是大水面的深水，温水鱼会视其为“北极”，不去光顾。因而，通常会是“深中选浅”的选择区位，也会是钓近点或钓浮。水位过深下层寒凉，鱼会在上层游动或溜边游动。

针对常规温水鱼种及常规鱼体，采用手竿方式垂钓，通常不宜超过5米水深，通常是选择3米以内的水深，也会相对更浅或更深些，有时相邻钓位的深浅相差几十厘米，鱼的开口情况会是明显不同。

当深水钓场的“浅水区”超过3米，此浅水的水温会高于深水，但通常也不易超过5米水深。大鱼通常在“深水”，这通常是深水中的浅水，也通常会是深水和浅水的结合部。当水深超过5米，只有水温适宜时淡水中的大鱼通常才会在深水处停留和觅食。

草鱼、鲢鱼、白鲦鱼等，通常爱在水体中上层或浅水区域游动，这与其所适宜的水温有关，也与水温是上下“两层皮”（上温下凉）有关，当下层水温适宜时，这些鱼种也会下到底层活动觅食。

鲫鱼，相对耐低温，但通常也是选择在水温适宜的水层或区域活动。冬季水温低，通常是鱼的无耐，钓位的选择通常会是“浅中选深”的选择位点，这主要是气温寒冷时地温会使得深水的水温相对提高。这通常要求是泥底，当水面冰冻时，深水的水温会相对更高，但也相对易缺氧，冰洞处会聚鱼。

②浅水通常水温高

浅水的水温通常高于深水，深水的上层水温通常高于下层。这与日照、采光深度和浅水受日温后升温相对快等有关。

早晨日出后，浅水水温通常升高快，但当气温降低时，浅水水温也会下降快，这也与昼夜间冷热气温差的大小等有关，还与连日来的气温差大小有关。

温差越大，鱼的过渡适应时段越长，大鱼会用半天或一两天的时间恢复适应，昼夜气温的高低差超过13度，鱼通常不爱开口。

鱼对温差过渡适应时段的长短，会因地理位置、季节气候的不同而不同，也会因鱼种和鱼体的大小而不同（大鱼适应恢复时间相对长），还会因鱼的适应习惯而不同。

采用手竿方式垂钓，通常均是主钓浅。通常是据季节、气候、气温、风向、风力等对水温的影响度，选择浅度的不同，浅度会是“浅中选深”的选择位点。

大水面超过5米水深，通常为钓深水；池钓，超过2米水深，通常为钓深水。

这通常也需视钓场整体水深及其深浅比进行区分，还需结合季节、气温和日照强度等进行区分。

如果钓场整体是平底，水深一致且较深，向阳处的水岸和水面上层的水温会相对高，这还需要按照风向风力和有利于鱼隐藏、觅食和相对安静的因素等选择钓位、钓点。

③钓场水温通常分布不均

无论是大水面，还是小水面，通常均存在水温的分布不均，但大水面相对突出。

天热，大水面的浅水区、水湾区通常水温相对高。冷风天，背风区通常水温相对高，这通常是“大中选小”、“宽中选窄”的选择区位。

初春气温较低时，小水面的整体水温通常相对高，且相对稳定，通常选择小水面的钓场或大水面中的狭窄浅水区域段垂钓。

受自然因素或人为因素的影响，小水面也会有着明显的水温分布区段差。天冷，通常是“凉中选温”；天热，通常是“热中选温”的选择区位。

水温区域差的形成，有着多方面的原因。通常与日照方向、气温高低和风向风力等有关，也与水深和水下水上的地形地貌有关。

冷天时的上风口、浅水区，通常水温相对低，挡风处水温相对高；向阳的水岸，水温会相对高。

夏季日将落时，水温通常会相对提高；夏季下雨时，整体水温会相对高；夏季的夜间，深水区的水温会有所提高；寒流来临，深水区的水温会有所提高；风浪的搅动，会使上下层水温有所融合。

对水温的判断，通常据季节，气候、风力、气温等结合水面大小、水质及其深浅度进行大体判断，也可将手伸入水中感觉水温。

钓深水时，可用手指捏住从深水中提出来的钓钩，如果钓钩的冰冷感很重，通常不适宜温水鱼的集中存在，通常表明钓的过深了。

底钓钓的较深时，如果总是出现送漂，提竿需要延迟，大送漂时才能中鱼，通常表明水底水温较低，可能是鱼儿衔饵上行离开最底层后才吞钩，这也与钓钩偏大、钓饵偏硬或钓的过钝等有关。这种情况，鱼通常不会久留或只在上层游动。

钓底，如果鱼的吃口不好、有鱼星，且有截口现象，也通常表明水底水温较低，表明水底的冷水有着“窜”鱼口问题，这也会是鱼的温差适应期或鱼的准病态表现。

在网箱周边垂钓，如果网箱内的鱼儿集体上浮，也通常表明水体下层寒冷或水体下层缺氧，通常不易钓深。

温水鱼通常在水温零上 8—25 度范围内有着正常的开口，当水温有所高于或有所低于这个温度范围，鱼的活性会相对变弱。这也与鱼种和鱼体的大小等有关，不同的鱼种会有着水温上限和下限的适宜范围。

体型较大的大鱼，对水温适宜性的要求相对高。如果水温不适宜，大鱼的代谢能力会更弱，开口小或不开口。

野生的大鱼通常会选择水温适宜且相对较深的安全区域段活动或隐藏，如果浅水水温更适宜且相对安全或为了觅食、繁殖等，大鱼会到浅水和近岸活动。

（2）突出目标鱼的趋氧性选择

鱼适宜的生存条件，除了需要适宜的水温外，还需要适宜的水中溶氧量。水中之鱼，在水温适宜的前提下，通常会选择溶氧量相对高的区域活动。

水中溶氧量的大小，有着多方面的因素，有着季节气候、气温、气压、风向风力、钓场地域地段、水质、水下水上地形地貌、出入水口和水流等因素的影响，这如同水温的分布有着上下水层和区域段的差异，钓鱼人通常是通过相关因素、相关现象、相关迹象等进行水中溶氧量的大体判断。

①通过水质进行大体判断

水中溶氧量的大小，与水质有关。水瘦、水质好，通常溶氧量相对高；水中和水底腐败物多，溶氧量会相对低；天热时鱼相对易缺氧，不爱开口。

水质富营养化，水中植物大面积泛滥成灾，天热会造成鱼的缺氧，这通常选择水中植物相对稀的位置。

钓位的选择，通常是选择水温和水中溶氧量均相对合理的区位，这通常需要通过鱼的活动迹象进行选择，总体上是 3 米以内水深的水温和溶氧量，通常适宜淡水温水鱼的存在。

②通过天气进行大体判断

水中溶氧量的大小，与气压和空气的湿度有关。气压低、空气湿度大的天气，水中溶氧量小，但处于风口区段的区位水中溶氧量会相对高。

气压低、湿气大的闷热天，水中溶氧量低，鱼不爱咬钩或会停口，鱼也会因缺氧而浮头。这种天气，通常不易出钓。如果出钓，通常是选择较浅水区域或当天的风口处。

风口处，通常会有间歇的小风。有些钓场，会是处于风口区域或山间的“风洞”中，天热时的小风小浪，可加速空气与水中有害气体的对流。

天气闷热，水面总是平静的区段，通常水中的溶氧量相对低。夏季下雨前，气压低，通常会选择浅水区域的钓位。雨下透后，气压高，钓点水深会选择的相对深。夏季的夜间，气温下降，深水区的水温会相对升高，但也易缺氧，通常会有着时间段的缺氧。

下雨，洪水会将“食物”带入水中，洪水入水口附近通常会有鱼的聚集，但洪水也会将农田中的化肥、农药、泥沙带入水中，带入量大，会造成鱼的缺氧或中毒。在农田施药时节或泥沙带入量大时，雨后选位需要远离洪水入水口，这也与周边农田的多少和出钓的时间等有关。

浅水区、有小风浪处、风口处、水流处，通常对流相对好。近岸，也通常对流好，这也与近岸的地形地貌有关，还与空气与水中气体的对流“窗口”有关。

小水面的长条钓池，通常是腰部对流相对好；小水面的方钓池，通常是角部对流相对好。因而，通常是“长钓腰、方钓角”的选择钓位，这也与钓池的规则度、深度、水底的平整度和“朝向”、风向风力、气温、水温、天气的阴晴等有关。

通过天气进行水温高低和水中溶氧量大小的大体判断，也与季节、气候和钓场地域位置等有关。天冷，水中溶氧量高的区段，通常水温会相对低。此外，水中溶氧量的大小，也与风向有关。夏季刮南风，通常湿气大，气压会相对低，大雾天通常也是如此，大雾散后气压升高，鱼会活跃起来。

（3）突出目标鱼的活动迹象选择

因季节、天气、气温、水温、水中溶氧量、水下地形等原因，鱼会有着习惯集中活动的区域段，这个区段会是目标鱼活动稳定的地段，也会因季节气候、气温气压的变化而变化，这通常需要寻觅到目标鱼在不同季节相对集中活动的踪迹区段。

依目标鱼的活动迹象选择钓位，就是找鱼定位。定位垂钓，需要找到目标鱼踪迹或凭借经验选择到目标鱼可能存在的区域段后的定位。这如同在大海中钓鱼，需要选择到或找到目标鱼群所在的水域区位。

鱼集中活动的区段，通常表明水温和水中溶氧量相对适宜，也表明有着鱼的食源，通常也是鱼相对安全的区段。

鱼需要适宜的水温和水中溶氧量生存，也需要适宜的食源地、安全地、繁殖地和越冬地，钓位需要根据这些因素和鱼的生存活动规律选择。

鱼的偏区、偏塘，也与水体的明暗度等自然因素和人为因素等有关。在近岸活动的大鱼，通常需要水体具有一定的暗度或具有掩蔽物。

鱼受到惊吓后，会聚集到相对安全的僻静区段，池塘鱼会躲避到池中央或边角僻静处。纯野生的大鱼多在僻静区段，这也需要水温和水中溶氧量的适宜。

水冷，鱼的活动范围小，池塘鱼会扎堆或会贴边游动，新投放的鱼会寻找适宜的水温区段，也会在投放点停留扎堆。

垂钓的区位选择，不仅需要通过钓场整体地形地貌、气温、水位深浅的分布、便利安全垂钓操作等因素选择区位外，还需要通过有利于鱼聚集藏身区段的判断以及对水色出现的变化和观察鱼星、水面植物出现晃动等迹象“察星观色”地寻觅到鱼集中活动的踪迹。

野钓，有小鱼聚群的区段，通常附近也适宜大鱼的存在。时常有鱼跃出水面的区段，通常有着鱼的聚集。

大水面，通常会有着多处适宜鱼聚集的区域段，并会有着最适宜目标鱼聚集的区域段。

鱼的聚集区段，通常是水温、水中溶氧量适宜，这通常也适宜水中微生物、水藻和水生植物生长，通常会是大小鱼的丰富食源地，小鱼小虾也会是大鱼的追踪目标。

如果远离具有小鱼小虾的区域段，无小鱼时不时地闹漂，通常难以钓到大鱼。如果水中局部有明草、暗草、乱石或岸边有芦苇、树木、草滩、庄稼、崖壁等，通常适宜鱼的出没和聚集。

水岸湾角部、突出部、水岔口、水坝附近、桥涵过道处，也通常是鱼习惯停留或途径的位置，但水位通常不易过深。

流水，鱼通常会在缓流区、水湾回水区聚集。钓位的选择通常会是“快流中选慢流”的选择钓位和钓点，也会是反复地钓“走漂”。

养殖池，鱼通常会聚集在喂食台、出入水口附近，也会聚集在水温、水中溶氧量相对适宜的浅水或相对深水地段以及僻静的安全地段，还会集中在池塘中央。

这与鱼的密度大小和狡猾程度等多方面的因素有关，通常有着一定的规律性，通常可观察到鱼的集中活动区段，但也需要按照鱼所需求的水温、水中溶氧量、食源和水深等因素确定钓位，即选择有利于鱼开口的区位。

依鱼的踪迹选择钓位，也是依鱼的食源地、安全地、不同季节的经常出没地选择钓位。有些鱼种，习性在夜色下活动觅食，这通常只能是夜钓，但白天也可选择其藏身栖息的光线昏暗处施钓。

（4）突出老钓位选择

老钓位，通常是经实践证实出鱼好的钓位。这种老钓位，通常符合鱼的多方面需求，新到之鱼也通常会在此聚集。

这通常与水温、水中含氧量、水深、水质、水的明暗度、水下水上地形、食源、对流度、安全度以及水岸环境等因素有关，养殖塘也与习惯的喂食点、放鱼点、鱼的方位感等有关，通常可直接选择这样的老钓位。

老钓位，一是会相对出鱼，好认定；二是经常有钓鱼人做窝，会成为鱼的喂食点；三是不必探点，钓点通常不会被挂钩；四是鱼会被越钓越少，这需要鱼的总体密度有保障；五是猾鱼会远离老钓位，知道老钓位的危险性，但也会因饥肠辘辘奋不顾身的过来偷袭几口。

需要注意：

一是，有些钓位，不是钓鱼人开辟出来的钓位，或者不是有经验钓鱼人开辟出来的钓位，出鱼不好，不为老钓位。

二是，有些老钓位的钓点，会有着局限性。

偏离钓点会被挂钩或鱼不咬钩，这与水下地形和植物、障碍物的分布等有关。

钓点，通常是正直，但有些老钓位需要钓点斜直。自由野钓时，可是直钓，也可是斜钓，还可以是斜直交替的钓，钓上鱼为好。

三是，有些老钓位，是采用远投钓组钓鱼的老钓位，钓位不适宜采用手竿方式垂钓。

四是，出鱼好的钓位，与区段相对好有关。

出鱼好的钓位，通常表明这个区域段是鱼相对聚集的区段，这个区段会是整体出鱼的好区段，会有着多个老钓位，但某个具体位置会是相对的最好，俗称 1 号钓位，所在钓区也会是 1 号钓区。

五是，好钓位，会发生变化。

出鱼好的老钓位，有着前提条件的限定。1 号钓位或 1 号钓区，会因其前提条件的变化而发生变化。因季节、气候、气温、气压、风向风力和水位、水温变化等对鱼的影响，出鱼好的老钓位、老钓区，会出鱼不好或无鱼。

因外界因素的变化或人为因素的作用，好钓位会不好，不好的钓位会变好，好钓位可能只是上午或一时的好，也可能只是夜间好。

这需要经验的积累，需要知道适宜不同季节的老钓位，需要知道造成好钓位发生变化的相关因素及其变化周期，能够独立地判断出好钓位的变化，也可通过观察其他钓友在老钓位处的钓况，判断老钓位的变化，忌不分前提限定条件的只是机械地只认老钓区、老钓位，这如同不能只是机械地只认一种常规的调钓定式。

提示：

1. 钓位的正确选择，是取得钓获的重要一环

垂钓要想取得较好的效果，需要钓时、钓场、钓技、线组、用漂、钩饵等多方面的合理性，选位是其中的一个重要方面。钓区钓位选错了，会影响到钓获量，甚至会空钓一场。

钓获不佳或未能钓到鱼，有着钓时、钓场、钓技、用饵、用钩

等多方面的原因，当其它方面的前提条件相对正常时，钓位的合理性是取得钓获的重要因素，核心是要选择到目标鱼有所聚集活动的区位。

2.合理选位，通常是自由垂钓的一项重要技能

钓位好，需要充分利用；钓位不够好，需要尽可能地发挥出钓位的潜能，必要时要及时的换位。

如果对钓位无把握，可提前备有预选钓位，或提前备有一天中不同时段的钓位，也可针对鱼吃口的暂停性或出现炸窝等情况，多钓位的轮钓，且提前布窝。

备用钓位，可据鱼情同是在一个区段内或不在一个区段内。大水面，通常会有着多个相对好钓的区段；竿坑，会有着相对好的钓段，但相对好的区段、钓岸，会因自然因素的变化或人为因素的作用而发生变化。

按天计费的竿坑，鱼通常会出现程度不同的偏区、偏位，这与鱼的密度等多方面的因素有关。会有着自然因素或人为因素的原因，通常需要钓者能够探明原因后选择钓位，如果鱼的整体开口很是不好，及时改换钓场为上策。如果气压太低，所有钓场的鱼均会开口不好。

3.参加钓鱼比赛，钓位通常是抽签定位

参加钓鱼比赛，钓区钓位的好与不好，主要是靠运气。池钓赛，通常会是通过主钓常规鱼种、目标鱼的高密度、鱼体大小适当、无杂鱼、比赛池的标准化、多位点的放新鱼（养殖鱼）、选择良好的天气、轮换区位钓位等措施，减小和弥补钓位方面的运气成份。

4. 在新钓场选位，需要全面分析相关因素

在陌生的钓场选位，需要综合多方面的相关因素全面分析后再定位，忌急于下竿。

新手，通常会是匆忙下竿，不顾及钓位的是否合理，大多是没有合理选择钓位的意识以及相关知识。但有时也会歪打正着，碰上好运气。

垂钓需要组合技能，只会运用基本钓法，不会合理的选位、做窝、用钩、用饵、应变等，通常属于垂钓技能的不全面，属于相关技能的缺失。

5. 在老钓场选位，需要认真观察新的情况变化

在老钓场选位，钓者通常会是心中有谱，通常在到达钓场之前心中已有选择，但也会“走眼”。

这主要是实际情况发生了变化，会是天气、水位等发生了变化，也会是因人为因素造成了鱼情发生了变化。

这通常需要结合季节、气候、气温、风向风力、地形、人为因素等认真观察鱼的形为迹象和观察其他钓友的钓况。

通常首先要确保钓位区域段的正确，然后再选择确定具体位置，不能太自信的草率定位。垂钓结束后，通常还需要对钓位选择的合理性进行总结，以积累选位的经验。

6. 钓位的合理性，通常是相对的合理

钓位的合理选择，主要是有利于钓到目标鱼，能够多钓到目标鱼，这也需要结合目标鱼的习性选择钓位。

其合理性会是一时的合理，也会是半天的合理或一天的合理，还会是一个阶段的合理。

合理的选位，一是要有相关依据，二是要有相对正确的选位经验和选位眼力，这需要实践的积累，不是一朝一夕能够做到的。

7. 钓位需要天情、钓场、鱼情等作保障

当出钓天气不好、钓场鱼情不好时，通常难以觅到好钓位，有经验的钓者通常不会出钓。

要想钓的过瘾，通常需要天情、水情、鱼情有保障。夏天也通常需要早起早到，选到好钓位、赶到鱼的一早开口。

8. 出鱼好的钓位，也需相应方略的对应性

有了好钓位，有鱼却钓不到鱼，通常会是钓技欠缺或应对经验不足。出鱼相对好的钓位，与所钓鱼种、鱼体大小有关，也与诱钓技法、钓点远近、用钩、用饵以及总体方略的合理对应等有关。

对应策略不符合所钓鱼种、鱼体大小以及鱼的习性、食性和鱼的吃口，会表现不出钓位的好。

运用池钓快速诱钓的好方略在野钓时，钝野生的大鱼通常会“不吃这一套”，并会避而远之，这通常需要“入乡随俗”，区分开养殖鱼和纯野生大鱼习性和食性特点的不同。要有着一方水土养一方鱼的意识，因地制宜地运用对应方略。

纯野生的大鱼，开口好时通常会吃较大的松散面饵，这通常需要将钓钩埋在饵中钓钝，但纯野生的大鱼如果只是偏认玉米饵或原生态的小鱼小虾，采用雾化好的面饵钓灵，通常难以奏效，这也与用钩大小、操作节奏快慢、钓点远近的合理选择以及窝饵的合理性等有关。

有的钓位前方较远处的水位较浅或有水草，适宜鱼的聚集，需要尽可能的钓远点；有的钓位前方是斜彼，鱼会在岸边缓彼处游动

聚集，则钓点需要选择在缓彼处或斜位钓。

在自然水域采用常规手竿垂钓，通常是钓浅、钓近，且主钓的是目标鱼体适当、相对成群结伙的鱼儿，这是由所钓常规目标鱼和常规手竿钓组的对应配置所决定的。如果目标鱼离岸较远且主钓的是大鱼，则是需要运用长竿或超长竿钓组。

垂钓做窝

做窝，是通过在钓点处施放目标鱼爱吃的饵料，将目标鱼诱聚到钓点及周遭，这通常是定位静态垂钓的必须。

鱼是活物，通常不会总是停留在一个位点，也通常不会主动在钓位处扎堆，这需要通过做窝实现诱鱼、聚鱼、留鱼，并需要通过窝饵的诱惑力、做窝技法的合理性提高诱鱼、聚鱼、留鱼的效果。

1. 垂钓做窝的主要作用

（1）可符合定位垂钓的基本要求；

（2）可形成鱼的食源点；

（3）可促成以小鱼引大鱼；

（4）可使目标鱼停留在钓点附近，随时入窝；

（5）可将目标鱼引入到窝内，并抢食窝饵和钓饵；

（6）可降低鱼的警觉性；

（7）可促成鱼的记窝；

（8）可促成大鱼的霸窝；

（9）可为钓技的发挥奠定良好的基础；

（10）可利于钓到目标鱼，并可提高钓获量。

做窝，如同钓位的合理选择，是实现定位静态垂钓效果的前提保障性措施，通常是必不可少的。鱼进窝了，才能发挥钓法、用饵、用钩、调漂等施钓的具体技能。

做窝效果，与钓位的合理选定有关。当钓位选择在了鱼的聚集区位时，做窝诱鱼、聚鱼的效果会明显，鱼的入窝时间会相对快，入窝的鱼会相对的多。

如果，钓位选错了，不是目标鱼的聚集区域或者不是适宜目标鱼的活动区段，做窝效果会低下或者会是徒劳无功。

此外，钓位选对了，如果窝饵不对路，目标鱼也不会入窝；如果钓饵与目标鱼的食性不对路或者钓法等不得法，目标鱼也会是不理睬或不爱咬钩。

2. 投放窝饵的主要方式

（1）运用工具投放窝饵；

（2）手抛投放窝饵；

（3）运用钓钩携带窝饵。

运用相关工具和手抛投放窝饵，通常是自由垂钓的运用。只通过钓钩携带窝饵，通常是其它投饵方式被限制时的运用。

钓钩通常是与钓饵相配合，进行诱钓，但可通过带饵量大和投放频率高进行做窝，加大和强化诱钓效果，这通常是池钓赛的限定运用，自由钓时这种方式会是辅助性的补窝方式。

定位静态垂钓，通常均是先做窝后施钓。池钓赛由于鱼的密度大且是驯化养殖鱼，边诱边钓通常就可实现诱鱼、聚鱼和留鱼。但因钓位的优劣，也会有着诱鱼入窝快慢和诱鱼入窝多少的不同。鱼变猾后，诱鱼、聚鱼、留鱼的难度也会是很大。

3. 做窝的常规形式

（1）一次性提前做窝

通常是开钓之前进行一次性做窝，这通常是钓时短，或在这个钓位只钓一个时段的运用，通常会是因补窝会造成惊吓周边及窝内鱼儿的运用。下一个时段，如果还继续垂钓，通常需要重新进行一次性做窝。

（2）提前做窝加垂钓中的续窝

通常是钓时相对长，且有鱼在窝点同边附近随时可能进窝，需要不断的补窝诱鱼和留鱼，且鱼不会被惊吓离去。

（3）边钓边做窝

边钓边做窝，通常是用大饵边做窝边钓，也会通过加大掷饵频率（高频诱钓合一）将鱼窝做大；还会是采取边钓边用手抛少量饵料做窝，也会有时段间隔的投放窝饵。

这通常要求钓点处附近本身有着一定数量的目标鱼，主钓的通常是大小团伙的鱼群，且鱼体相对不大、有着抢饵的迹象。

采用双脑线双钩垂钓时，可是一钩用于带大饵（窝饵），一钩用于带钓饵，或双钩均是带大饵。采用轮竿远投钓组且配置爆炸钩饵，也是诱钓一体，但通常是先以做窝为主，先通过投放频率将窝饵做足。

养殖鱼，通常食量大，不耐饥饿，会有着按时进食的时钟。当鱼的密度大且生口时，通常易被聚集和易在窝中留鱼，采用边诱边钓的方式通常就可实现聚鱼、留鱼。但当鱼变猾或鱼的活性变差，高频诱钓合一的效果会下降，甚至会是忌用。

（4）提前多次做窝

这通常是通过多次提前做窝，使鱼记住窝点（喂食点）记住窝饵品种并习惯按时入窝后，才下竿施钓。

这通常是野钓专门主钓大鱼的做窝，通常会是做大窝、做重窝，并在一个阶段内反复做窝和垂钓。

这也要求钓位选在有目标鱼聚集的区域段，如果水温、水体溶氧不适宜鱼的停留和就饵，尽管是反复地做重窝，也会难以见效，大鱼会是一个阶段不来，也会是路过但不开口。

如果经过一段时间鱼进窝了，也可能是夜间才入窝，通常说明水温、水中溶氧适宜了鱼的到来，大鱼也会感觉到安全后才会入窝就饵。

4. 做窝的常规要求

（1）窝饵品种的对路性需要相对合理；

（2）窝饵的气味、浓度、状态需要相对的合理；

（3）窝饵量需要相对的合理；

（4）做窝方式需要相对合理；

（5）窝饵的布局需要相对的合理；

（6）做窝大小、薄厚需要相对的合理；

（7）窝饵的持续时间需要相对的合理；

（8）主窝点与主钓点的关系配合需要相对的合理；

（9）窝饵的远近与钓点的配合需要相对的合理；

（10）做窝时间与施钓时机需要相对的合理；

（11）窝饵的品种与钓饵、钓法的配合需要相对的合理；

（12）补窝时机需要恰当，补窝量度需要相对的合理。

做窝要因地制宜，方式方法对路，讲究章法及具体细节要求。如果窝饵不对路，通常难以诱惑目标鱼入窝。因而，窝饵品种（单一或多种）、窝饵量、窝饵气味（浓或淡）、窝饵状态、窝饵分布、主窝点和窝饵的持续时间等，要与目标鱼种、大小、密度、食性特点和钓饵、钓法、钓点远近、钓点环境等相匹配。

钓位周边或钓位附近具有目标鱼，窝饵具有诱惑力（淡诱或浓诱），生口鱼会较快入窝，猾鱼也会有所小心地入窝，小杂鱼入窝的时间通常会是最快。

钓位选对了，野钓的目标鱼通常会在 1—2 小时内陆续单个或分小团伙的入窝，这与目标鱼与窝点的距离和感知窝点时间的早晚、目标鱼本身的活性度、警觉度等有关。

野钓如果 2 小时过去，目标鱼仍未咬钩，除去天情、水情、鱼情的原因外，通常说明钓位未选对。

这也可能是钓点远近及水深未选对；还有可能是窝饵、钓饵、钓钩、钓法及应对策略出现了问题。

有时，会是钓点远近、钓法、钓钩大小、钓饵品种、钓饵大小及状态、味型不合适或调钓过灵了。

这通常需要钓者能够判断出是钓位、钓点或窝饵、用钩、用饵、钓法等方面的原因，也可全面观察分析身边上鱼者的应对策略及其具体做法，通常不能太自信常用的定式套路。

钓位身边或不远处“不会钓鱼者”的“不正常”上鱼，说明人家的钓位、钓点远近及相关路数对路，适合当地当时的鱼情，也许只是用钩、用饵或调钓的某一个方面特别对路。

池钓赛时，目标鱼通常入窝很快，也会是钓点处本身就聚集着一些目标鱼。这同鱼的密度、生口和抛散饲料的驯化以及钓位的优劣等有关。鱼被钓猾后也会有着较大的诱钓难度，猾鱼会是缓慢的入窝，入窝后也会开口不好，还会不入窝。

5. 目标鱼不入窝或入窝慢的主要原因

（1）钓场鱼少或钓位周边无鱼

通常是目标鱼太少或垂钓区段没选对。

（2）钓位的选择有问题

会是钓位的区域没选对，也会仅是具体的钓位位置没选对，还会是钓点的远近、深浅没选对。

没选对钓位，通常是钓位处无鱼，大多情况是钓位处不适宜鱼在此处停留聚集。

（3）窝饵或钓饵不对路

鱼会逆反不对路的窝饵或钓饵的气味，或者对窝饵的诱惑不感兴趣。

（4）操作节奏太快

野生的大鱼通常惧怕快节奏的操作，不敢于入窝或被吓跑。野钓，操作节奏快，通常会是越钓越小。

（5）窝饵量不合理

窝饵量需要恰当，窝饵量太少鱼入窝慢，窝饵量太多鱼会不顾及钓饵，会误以为鱼没有入窝。

（6）鱼的活性差

这里有着自然因素也有着人为因素，“黑坑”通常会有着人为的因素。

（7）鱼被钓猾了

猾口鱼是吃口猾，而猾鱼会是入窝猾，并会只吃窝点外围的窝饵，也会远离钓点，或与钓点保持一定的安全距离。

（8）钓饵不对路或钓饵大小及状态不合理

鱼入窝后，由于钓饵细节方面的不合理，鱼也会不很好的咬钩，也会误以为鱼没有进窝，这也与目标鱼的活性差等有关。

如果鱼形成了偏食，通常只认吃惯了的饵料，野生的老猾鱼会是宁饥不吃或只吃自然生态饵。当自然水域的水质清瘦，且大鱼不咬钩、有小杂鱼游动时，使用小杂鱼作钓饵通常会有意外收获。

（9）鱼只吃小鱼小虾

窝饵引来了小鱼，且水温相对低时，大鱼会只追食入窝的小鱼小小虾。

（10）会是鲢鱼群或掠食性大鱼霸窝

鲢鱼，习性成群，一旦入窝会霸窝；掠食性的大鱼，一旦入窝，会惊吓跑杂食性鱼种，让窝。

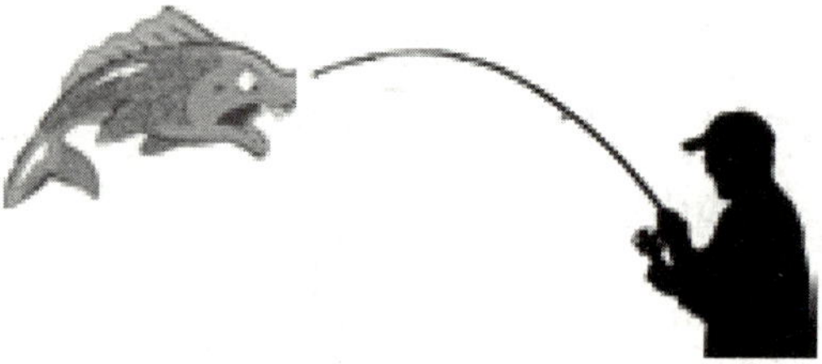

第十一讲　关于垂钓的一些为什么

钓饵为什么通常要用商品饵

1. 省事，不用个人制作
2. 种类、品种齐全
3. 携带方便
4. 清洁、卫生，使用方便
5. 适宜常规鱼情
6. 需求需要

当鱼情、水情特殊时，野生鱼会只吃原生态饵或民间自制的钓饵。

鱼为什么不咬钩

1. 会是钓点无鱼，这与水深、水温、选位、选点、做窝有关

2. 会是鱼受到了惊吓，远离了钓点

3. 会是钓饵不对路，具体会是钓饵品种、味型、大小、状态、软硬或其中某个因素不对路。这也会与用钩的合理性有关

4. 会是钓法不匹配，鱼上浮了，却是钓底，也会是底钓下状态的设定不合适

5. 会是鱼的活性太差，具体会是气压、水温等自然因素的原因，也具体会是人为因素的原因

6. 会是鱼太滑了，只吃窝饵或惧怕快节奏的操作

提竿时为什么会脱钩跑鱼

1. 可能是提竿过早或过晚了

2. 可能是提竿过猛了

3. 可能是用钩过大或过小了

4. 可能是用饵过大过硬了

5. 可能是调钓过灵了

6. 可能是滑口鱼或杂鱼的咬钩

脱钩，是指钓钩从鱼嘴中脱出。鱼偶然的脱钩，通常属于正常。如果鱼的脱钩率高，通常说明出现了问题，有经验的钓手通常能够知道问题的原因并能够及时的解决。

中鱼时脑线为什么会出问题

1. 脑线断了的主原因

（1）会是脑线用细了，强度同鱼的力道不匹配

（2）会是脑线有伤了，脑线在受伤处或打节处断掉

（3）会是“打满竿”了，提竿时脑线受力过重了

（4)会是提竿过猛了，脑线被闪断，这也与钓点水浅、钓竿过硬、鱼体过大有关

（5）会是操作有问题，未运用钓竿整体弯弓力及操控方向的变化等泄力

（6）会是脑线质量有问题

2. 脑线脱开的主要原因

（1）会是脑线未绑好

（2）会是脑线的绑法有问题

3. 脑线打弯的主要原因

（1）会是脑线的材质问题

（2）会是脑线用细了，细脑线受强力后会打弯

夏季的早晨鱼为什么相对爱咬钩

1. 这同鱼的觅食时间规律有关

2. 这同日照、光线及水温变化等有关

一天中，鱼会有多个进食高峰时段。夏季的早晨，通常是常规

淡水杂食性鱼种觅食的最高峰时段。在这个时段，按天收费的竿坑，鱼通常也是咬钩好，这也同鱼是生口和密度是当天最大有关。

垂钓大鱼时为什么不要“打满竿”

1. 会不利于快速抬起钓竿前端
2. 易形成拔河
3. 易断脑线

打满竿，通常是指竿线伸到了可到达的最远钓点。由于到达了最远钓点，特别是使用硬竿提竿时通常易形成拔河。

控大鱼为什么要充分运用钓竿的满弓状态

1. 可充分运用钓竿的整体强度
2. 可充分运用钓竿的整体泄力作用
3. 可避免钓竿前段的局部集中受力
4. 主受力点可集中在底把上
5. 可减弱钓钩、脑线、主线的硬受力
6. 可利于锁鱼、控鱼、遛鱼

提竿时需要及时的抬高钓竿的前节，使得钓竿形成满弓状态。这通常需要握住钓竿底把的偏下端，使主受力点尽可能地集中在底把的下端，并尽量放低底把。在相持中，通常也需要左右方向的恰当变化、移位或左右方向的跟随，化解力对力的直接较劲，这也需要心态的平稳和娴熟的技巧，做到心中有数，不急不躁，起鱼时机正确。

起大鱼前为什么先要遛鱼

1. 可消耗大鱼的体能
2. 可避免钓具的损伤
3. 可减少跑鱼机率
4. 可感受遛鱼的快乐
5. 可体会成就感
6. 这通常是擒拿大鱼的必须

如果钓具做主、鱼体不大，也可直接提鱼上岸。因抢时间，池钓赛会运用到“飞抄”手法。

池钓赛鱼情为什么设定得密度大

1. 可使得各个钓位均有鱼可钓，减少鱼的偏塘
2. 可利于平等竞争
3. 可利于快速诱钓，通常会钓的多、钓的快
4. 可具有表演性和观赏性

这也通常要求是养殖鱼，且鱼体不易过大、开钓之初鱼是生口。各种体育项目的比赛，均要求具有竞技性、平等性、公正性、趣味性、表演性、观赏性。此外，高水平的池钓赛通常要求在“标准池”中比赛，对水深、水底的平整等也有着具体要求，这也是为了控制鱼的偏塘、偏区、偏位。

精养塘的鱼为什么相对易被钓到

1. 鱼的密度通常很大

2. 属于驯化鱼，生口时警觉性低，易上当

3. 通常不耐饥饿，每日需要吃饱

4. 通常习惯了立体式的争抢饵料，对饵料的入水声音、落底、下落及到底状态等均已形成条件反射

5. 通常易被本塘颗粒饲料和对路的粉面饵所诱惑

6. 生口时通常不会轻易弃窝

养殖鱼被钓猾后，或对气温、水温不适宜时，也会难以钓到。

按天收费的“黑坑”为什么不好钓

1. 鱼的密度通常相对低

2. 鱼通常会出现偏区、偏位

3. 坑中，会存有猾鱼、“回锅鱼”

4. 坑中，会存有杂鱼，干扰信号、为猾鱼报警

5. 鱼塘大小、深浅会是不规则，这也与水质有关

6. 会是“黑坑”老板做了手脚

养殖鱼为什么不爱吃蚯蚓

1. 通常是因从小饲料喂养习惯所造成

2. 也通常是因鱼不缺乏食物所造成

因水凉、食不果腹，养殖鱼也会本能地喜爱吃蚯蚓等动物性的高蛋白饵。

在标准池垂钓为什么要使用短竿

1. 这同标准池的长宽有关

2. 这同比赛规则或塘主的限定有关

3. 这同鱼的密度相对大有关

4. 这同目标鱼的鱼体通常相对小有关

5. 这同养殖鱼通常会靠边有关

6. 这同便于快速操作及避免左右钓手相互干扰有关

如果在标准池内垂钓大物，或鱼全聚集在池中央，手竿如无长度限定，通常需要使用长手竿。

池钓快鱼为什么要使用硬竿

1. 可相对快速起鱼

2. 可多抢鱼

快鱼，主要是指鱼的密度大、吃口好，可相对连竿的鱼情。使用硬钓竿，需要同鱼的密度、鱼体大小、操作频率、钓法等相匹配，也需要对钓线、脑线、钓钩进行合理的搭配，还需要钓者能够合理地使用硬竿，具有快速操作的基本功。

池钓赛为什么开赛之初要“打频率”

1. 可实现快诱鱼

2. 可实现多留鱼

3. 可实现快上鱼

打频率，是说快节奏高频率的操作，属于快速的“诱钓合一”。池钓赛，由于鱼情通常设定的密度大、鱼体通常相对小，且是养殖鱼，开赛之初的生口鱼通常争抢钓饵，这促成了打频率。这需要适宜的鱼情，比赛后期通常难以奏效。竿坑、“黑坑”，在开钓之初，通常也是需要打频率，快抢生口鱼。

钓浮有时为什么要运用高铅位

1. 可加大钩饵下降的摆幅度

2. 可同窝点目标鱼发现及追饵、吞饵速度相匹配

3. 可提高目标鱼咬钩时浮漂的真口信号率

这需要相匹配的鱼情。通常是在打浮时虚假口信号出现相对多时的运用，主要是池钓赛中的运用。高铅位，即铅坠上移的较高。

钓饵为什么要加添加剂

1. 可刺激鱼的兴奋
2. 可强化诱惑力
3. 可加大鱼的开口力

添加剂，通常是在本饵中无此成份时的添加，并要是对路的使用，大多是在鱼吃口不积极、挑食或鱼以习惯了偏认加有某项添加剂饵料情况下的使用。

添加剂，通常是强化味型方面的对路作用，类似味精或盐的提味作用，也会是鱼的味记忆作用，用量通常是“点到为止”，过量或不对路会适得其反。当鱼严重缺氧或在水温较大变化的适应时段已是无心开口时，使用添加剂也会是无济于事。

野钓为什么通常是慢钓

1. 这同鱼的密度小有关
2. 这同鱼的进窝慢有关
3. 这同目标鱼的咬钩频率低有关
4. 这同鱼的警觉性高有关
5. 这同主钓大鱼有关
6. 这同减小惊吓窝中目标鱼等有关

慢钓，通常是说操作节奏慢。野钓，如果是主钓小型鱼，且鱼的密度大、鱼是积极争抢钓饵，也会是快钓。快钓或慢钓，要同鱼情相匹配。钓鱼，不仅仅是要合理的运用钓法，也包括着操作节奏针对性运用等多方面的合理性。

垂钓为什么要区分开养殖鱼和野生鱼

1. 正确施钓的需要
2. 正确应变的需要

养殖鱼与野生鱼，在食性、习性等方面是有所不同的，垂钓时在技战术的应对方面需要有所区别的运用。这如同垂钓时需要区分开生口鱼、猾口鱼以及鱼种、鱼体大小的不同。

钓底的调漂为什么分调目和钓目

通过调目：

1. 可完成浮力与重力的平衡
2. 可完成浮力与重力平衡稳定力的大小选择
3. 可合理实现钓底
4. 可为钓底时上下状态的对应变化奠定前提基础
5. 可为漂信的合理性奠定前提基础

通过钓目：

1. 可合理实现所需要的下状态
2. 可判断钩饵是否到达位点
3. 使得漂信相对合理

调漂为什么要灵钝的选择

1. 在稳定力方面，可同鱼的吃口力相匹配
2. 在状态方面，可同鱼的咬钩方式相匹配
3. 在漂信方面，会相对的合理，可多钓鱼

这需要掌握相关知识，也需要交流和经验总结，还需要用漂、用钩、用饵、脑线等方面的合理性。

浮漂为什么要灵钝的选用

1. 浮漂排水量（大小），可同目标鱼的吃口力相匹配
2. 浮漂受力反应及运行灵钝，可同目标鱼吃口相匹配
3. 可为调钓的合理性，奠定前提基础
4. 可为浮漂信号表现的合理性，奠定前提基础
5. 可为钓法及浮漂载重的合理性，奠定前提基础
6. 可同鱼情、水情、天情、钓点远近、观察需要等相匹配

钩饵为什么要灵钝的选择

1. 可利于入鱼口
2. 可利于鱼的中钩
3. 可利于信号合理表现
4. 可适宜鱼情

5. 可适宜水情

6. 可适宜钓法

钩饵的灵钝，主要是大小的灵钝。钓钩，也有钩型、钩条、钩门等方面的灵钝区分，并有着针对鱼种不同的钩种不同。钓饵，也有着软硬、轻重、种类等方面的灵钝区分。此外，钩饵也有着“灵对钝”、“钝对灵”的区别运用，并有着同脑线灵钝相匹配的要求。

运用常规调钓定式调漂为什么效果不好

1. 会是同鱼情不匹配

2. 会是同目标鱼的吃口不匹配

3. 会是浮漂的大小不匹配

4. 会是用钩、用饵、脑线的选用不匹配

5. 会是同钓点水深不匹配

6. 会是同钓时不匹配

运用常规调钓定式，是有前提条件的，需要鱼情常规，也需要同季节、钓时、水情、线组的匹配，还需要在多个定式中选择出适合当时的定式。

调漂为什么通常是调 4 钓 2

1. 这与常规鱼情、水情有关

2. 这与常规目标鱼的常规吃口及浮漂信号表现有关

3. 这与浮漂大小的合理使用及常规观察量有关

4. 这与底钓所需总体稳定力及常规下状态有关

5. 这与常规的饵重、用钩有关

6. 这与经验总结及传授有关，通常是最常规的初步调钓量

有经验的钓鱼人，通常是结合实际的运用常规初步调钓量。如果鱼情、水情、用漂、用饵、用钩等不常规，特别是当鱼的吃口差别大或鱼种不同时，则是有针对性的变化调钓量，通常是以有利于出信号、有利于奠定掌控真口信号的调钓搭配为好，这需要交流，也需要个人的经验总结。

开钓之初为什么通常要钓灵

1. 可试探鱼的吃口

2. 可早出信号

3. 可多出信号

这通常是池钓的运用。如果知道钓场有小杂鱼闹漂、浮漂对目标鱼咬钩信号反应过灵、鱼吃口猾等，开钓之初通常是有所钓钝、或钓不灵不钝。

钓底为什么要先找底

1. 可测出水深

2. 可为准确钓底心中有数

3. 可利于把握底钓下状态灵钝

4. 可利于把握转换为钓浮

找底，通常分为笨找底和轻找底。笨找底，是配重超重的找底；轻找底，是浮力与重力平衡后的找底。带饵完成调目后，延长水线，钓目略高于调目表明实现了轻找底；空钓完成调目后，可再带上钓饵完成一个调目，以此调目为基准点实现轻找底。

钓底时钓点处有鱼星鱼为什么不咬钩

1. 可能是水底水温过凉
2. 可能是鱼有所缺氧
3. 可能是水底泥土中存有残余化学物质
4. 可能是鱼的消化机能出现了问题
5. 可能是鱼只认细小的窝饵
6. 可能是小鲢鱼

在自然水域，也会是大鱼在追食窝中的小鱼。鱼活性差且嘴中含有小碎饵，受到惊吓时会泛星。

小鲫鱼为什么相对好钓

1. 小鱼通常聚群
2. 小鱼通常多于大鱼，且分布相对广泛
3. 小鱼通常无知
4. 小鱼通常是争抢饵料
5. 小鱼通常有口
6. 小鱼通常靠边

因易找到小鱼聚集区域，小鱼常有口、易钓到，无心泡大鱼的钓鱼人，通常喜爱专钓小鱼，以钓的多、钓的快为乐趣，但需要放生，维护鱼资源。池钓赛中，多次被钓放的小鲫鱼，通常会难钓。

只玩野钓者为什么池钓赛能力相对低

1. 不熟悉池钓赛的多种常规鱼情
2. 不熟悉池钓赛的鱼情变化规律
3. 无池钓赛参赛经验的积累
4. 多方面的应对措施会不对路
5. 环节、细节方面的基本功不匹配
6. 技战术会不匹配

术业有专攻，各项有各项的具体应对要求，专项能力通常是通过专项磨砺出来的，垂钓“黑坑”的能力也是如此。

一些垂钓谚语为什么不灵

1. 可能不是经典
2. 可能只是大原则
3. 可能是文人的表达
4. 可能有着地域、水域差别的限定条件
5. 可能未正确理解
6. 可能未灵活运用

正确理解和运用垂钓谚语，需要一定的实践经验，垂钓谚语通常只做参考，不能生套。

垂钓为什么分休闲钓与竞技钓

1. 是比技能与只是消遣的区分

2. 是有限定要求与无限定要求的区分

3. 是有组织与自由分散的区分

4. 是乐趣点的区分

休闲钓与竞技钓，均是乐趣无穷，总体目的是相同的，但各有侧重。休闲娱乐通常适宜中老年人，竞技比赛通常适宜年轻人，竞技比赛也会分出年龄组，满足中老年人的比赛乐趣。

竞，是竞争，比高低；技，主要是技法、技战术。竞技钓，通常是各种钓鱼比赛的统称。池钓爱好者通常会将池钓赛称之为竞技钓，这是由于规范的钓鱼比赛起初只有池钓赛。

池钓、坑钓、“黑坑”，通常是人工钓场且垂钓的通常是养殖鱼，可分出池钓竞技、池钓休闲。野钓，通常是指在野外江河湖泊等自然水域中垂钓野生鱼，也可分出野钓竞技和野钓休闲。

钓鱼为什么先要判断鱼情

1. 可“对症下药”

2. 可辨证施钓

在陌生的钓场钓鱼，通常先要对鱼情进行正确的判断。一是，从直观上进行判断，包括从环境、水情、地形、风向、鱼的迹象等方面进行直观判断；二是，通过了解相关信息进行判断。

垂钓时各个环节的合理性，包括钓位、钓法等均如同钓饵的对路性要求，需要知己知彼有针对性的运用，对路了才能效果好。垂钓的灵魂是辩证施钓，这如同中医学的辩证医治、标本兼治的精髓。

垂钓为什么有诱人的魅力

1. 具有娱乐性、休闲性、刺激性、竞技性、挑战性

2. 具有探秘感、追求感、期望感、“听口”感、对策感、狩猎感、回归感、释放感、拼搏感、过程感、成就感、解脱感、满足感、享受感、幸福感

3. 有益身心健康，可调节精神生活

新手在钓鱼初期会上瘾，需节制有度，避免痴迷不悟。